Dietrich Koller

Das Thomasevangelium für heute

Dietrich Koller

Das Thomasevangelium für heute

Ein spiritueller Begleiter

Kreuz

Inhalt

Vorwort

Sich dem verschollenen und nach über 18 Jahrhunderten wieder aus dem Wüstensand aufgetauchten Thomasevangelium zu nähern heißt, sich dem historisch nicht mehr fassbaren, aber geschichtlich »lebendigen« Jesus zu nähern. Und wer sich diesem spirituellen Meister nähert, ist (laut seinem Selbstzeugnis) »dem Feuer nahe«, dem unauslöschlichen und alle Gegensätze einschmelzenden Feuer eines »Königreiches«, das für die gestaltenden Mächte der Welt höchst gefährlich ist – ganz innen und ganz außen.

Als ich mich erstmals mit dem Thomasevangelium vertraut gemacht habe, kam es mir vor, als sei da ein neuer Jesus aus einem alten Grab in der ägyptischen Erde auferstanden. Ich verzichtete zunächst auf eine fachlich-sachliche Beschäftigung und näherte mich Schritt für Schritt und Tag für Tag jedem der 114 Spruchworte, zusammen mit meiner Frau in unserer morgendlichen Meditationszeit, mehr mit dem Geistherzen als mit dem Verstand. Manche Worte waren mir aus den biblischen Evangelien bekannt, manche total unverständlich, manche aber überraschend erhellend.

Wie von selbst geriet ich in eine innere Korrespondenz mit diesem Jesus aus der Überlieferung des Thomasevangeliums. Die dialogischen Vorgänge in der Betrachtungsarbeit habe ich dann am Abend schriftlich gestaltet und schließlich eine thematische Überschrift gesucht. Kein Gedanke, ein Buch zu schreiben!

Im nächsten Jahr besorgte ich mir mehr Literatur zum Thomasevangelium und näherte mich den Texten historisch, exegetisch und theologisch. Das Ergebnis davon ist der zweite Teil dieses Buches.

Es war dann ein ergreifender Moment, als ich im Januar 2008 das blitzneue Koptische Museum in Kairo besuchte und im ersten Stock unversehens vor der ersten Seite des Thomasevangeliums von Nag Hammadi stand.

Man könnte vom Thomasevangelium dasselbe sagen, was Jesus vom »Königreich des Vaters« sagte: Es gleicht einem Schatz, der Generationen lang in einem Ackerfeld vergraben war, bis ein neuer Käufer kam und beim Ackern auf den Schatz stieß. »Und er begann Geld zu geben gegen Zins, welchem er wollte.« (Log 109) Die Zeit ist jetzt da, wo das Thomasevangelium Zinsen trägt. Seine uralte Botschaft kommt wie gerufen für unsere Zeit der spirituellen Suchbewegungen. Ein Fund wie gerufen für christliche Zeitgenossen, denen die kirchliche Erlösungslehre nicht mehr verständlich ist.

Unter die zahlreichen Veröffentlichungen, die es zum Thomasevangelium bereits gibt, stelle ich dieses Buch mit einem speziellen Interesse: Ich möchte eine Brücke über den tiefen Graben zwischen kirchlicher Rechtgläubigkeit und esoterischer Spiritualität finden. Es muss ein Schwellenbereich vorhanden sein, wo die Übergänge wieder so fließend werden, wie sie vor der Entstehung des biblischen Bücherkanons waren.

Ich begebe mich damit natürlich in die Gefahr, Kritik von beiden Seiten zu erfahren: von den mehr historisch denkenden Kirchenchristen einerseits, von den mehr kosmisch denkenden Esoterikern andererseits.

Für meine täglichen Betrachtungen der Logien schien mir ein deutscher Text geeignet, der auf einer von Erik van Ruysbeek bearbeiteten niederländischen Vorlage beruht und der wissenschaftlichen Zuverlässigkeit der Übersetzungen von Klaus Berger oder Reinhard Nordsieck entspricht. Ich biete aber an mehrdeutigen Stellen auch Varianten aus den Übersetzungen von Klaus Berger (= B), Konrad Dietzfelbinger (= D) oder Reinhard

Nordsieck (= N). Genauere und weitere Literaturanga-
ben sind im Anhang zu finden.

Ich widme dieses Buch meiner Frau Maria Lucia, mit
der ich seit vielen Jahren zur morgendlichen Meditation
auf dem Teppich vor einer altrussischen Pantokrator-
ikone sitze. Ich danke dem Kreuz-Verlag für sein ver-
legerisches Interesse, insbesondere für die lektorierende
Mühewaltung von Herrn Rolf Hartmann.

Dietrich Koller
Erfurt, am Palmsonntag 2008

Erster Teil

Betrachtungen der 114 Jesusworte des Thomasevangeliums

Dies sind die geheimen Worte,
die Jesus der Lebendige sprach
und die Didymus Judas Thomas
aufgeschrieben hat.

Geheimbeziehung der Seele

Soll man geheime Worte veröffentlichen?
Worte, die Jesus der Lebendige vor und nach seinem
Kreuzestod
im engsten Schülerkreis sprach?
Kosmische Worte des Geistchristus –
darf man sie dem allgemeinen Missverständnis ausliefern?
Muss sie der Zweiflerthomas in uns nicht als Unsinn abtun?
Kann sie wirklich nur der Zwillingsthomas in uns verstehen?

Die sich öffnenden Worte des für immer Lebendigen hören,
sie als Herausforderung annehmen,
eine persönliche Antwort wagen,
ein vorläufiges Verstehen weitergeben,
Umsetzungen ins Leben ausprobieren –
das kann jeder, ob Theologe oder Laie,
ob Christ, ob Agnostizist, ob Buddhist, Jude oder Moslem

1

Und er sprach:
Wer die Bedeutung dieser Worte findet,
wird den Tod nicht schmecken.

Verwandte Texte: Lk 11,28; Joh 5,24f und 8,51f; Log 79

Erkenntnis ist Geschmack des Lebens

So viel und so wenig verstehe ich:
Wer mit seinen Kopfgedanken bei der dogmatischen und
moralischen Bedeutung
dieser Worte der göttlichen Weisheit stehen bleibt,
der bleibt in der Welt des Todes.
Wer den Weg des Vertrauens wagt,
wer den Verstand seines Kopfes dem Verstand seines Herzens
einordnet,
der kann mit diesen Worten die tödlich-kalte Welt der
Berechnungen überschreiten
und schmeckt das Leben selbst.

2

Jesus sprach:
Wer sucht, soll nicht aufhören zu suchen,
bis er findet.
Und wenn er gefunden hat,
wird er verwirrt sein,
und verwirrt,
wird er sich im Staunen verlieren,
und er wird herrschen über das All.
Verwandte Texte: Mt 7,7f; Spr 8,17; Log 92 u. 94

Verwirrt von der Liebe

So viel und so wenig verstehe ich:
Hör nicht auf mit dem Suchen; es hat kein Ende.
Und hör nicht auf mit dem Finden; es hat kein Ende.
Im Suchen wie im Finden scheitert mein Verstand,
und so versinkt er im Staunen,
und im Staunen taucht auf die Großmacht der Ohnmacht,
die allmächtige gewaltlose Liebe.

3
Jesus sprach:
Wenn die, die euch führen, euch sagen:
Seht, das Königreich ist im Himmel,
so werden euch die Vögel des Himmels zuvorkommen;
Wenn sie euch sagen: Seht, es ist im Meer,
so werden euch die Fische zuvorkommen.
Aber das Königreich, es ist in euch,
und es ist außerhalb von euch.
Wenn ihr euch selbst erkennt,
werdet ihr erkannt werden,
und ihr werdet wissen,
dass ihr Söhne des lebendigen Vaters seid.
Wenn ihr euch aber nicht erkennt,
dann seid ihr in Armut und ihr selbst seid die Armut.

Verwandte Texte: Lk 17,20f; Log 51 u. 113

Aufhebung des Dualismus von Innen und Außen

So viel und so wenig verstehe ich:
Wenn ich das Reich des Königs der Liebe in mir gefunden
habe,
dann werde ich es auch in der Erde, im Meer und im Himmel
finden,
in jedem Stein, in jeder Welle und in jedem Stern;
aber auch im Erdbeben, in der Überschwemmung und in
jeglichem Schicksal,
und jedenfalls in jedem Menschen ohne Ausnahme.

Wenn ich aber das Reich des verliebten Königs nicht in mir
finde,
dann bin ich arm dran und mein Reichtum ist leer
und gibt keinen Sinn.

4

Jesus sprach:
Ein Greis wird nicht zögern,
ein kleines Kind von sieben Tagen
über den Ort des Lebens zu befragen;
und er wird leben.
Denn viele Erste werden Letzte sein,
und sie werden Eins sein.

Verwandte Texte: Mk 10,13ff;10,31; Log 22

Aufhebung des Dualismus von Gestern und Morgen

So viel und so wenig ahne ich:
Als ich sieben Tage alt war,
war für meine Entfaltung schon alles in mir im Keim
vorhanden:
mein Verstand, mein Wille, mein Geschlecht.
Heute bin ich siebzig
und es ist für meinen Übergang schon alles im Keim
vorhanden
und noch kaum entwickelt:
meine Seligkeit und meine Herrlichkeit,
Erkenntnis ohne alle Spiegel,
Vereinigung mit dem einzigartig Einen
– geliebt und gepriesen sei Er –
und meine Einung mit dem Ersten und mit dem Letzten,
mit dem All.
Diesen Keim, den ahne ich in jedem plötzlichen Hier und Jetzt,
ich spüre seine Arbeit, seine Zukunft.

5

Jesus sprach:
Erkenne, was vor deinem Angesicht ist,
und was dir verborgen ist, wird dir enthüllt werden.
Denn es gibt nichts Verborgenes,
das nicht offenbar werden wird.

Verwandter Text: Mk 4,22

Aufhebung des Dualismus von verborgen und offenbar

So viel und so wenig verstehe ich:
Wenn ich das nicht wahrnehme, was sichtbar um mich ist,
wie könnte ich wahrnehmen, was dahinter liegt und
unsichtbar ist!
Aber schaue ich nur nach innen, nehme ich Wahn für wahr
und verkenne die geheime Entsprechung des Sinnlichen und
des Verborgenen.
Denn das geistige Auge liegt in der Mitte zwischen meinen
sinnlichen Augen.

Und so lernte ich bei deinem Schüler,
dem Meister von Hochheim, der in der Tiefe daheim ist:
»Das Auge, in dem ich Gott sehe,
das ist dasselbe Auge, darin mich Gott sieht;
das ist ein Auge und ein Sehen und ein Erkennen und ein
Lieben.«
(Meister Eckhart)

6

Seine Jünger fragten ihn:
Willst du, dass wir fasten?
Wie sollen wir beten?
Wie sollen wir Almosen geben?
Und welche Speisevorschriften sollen wir beachten?
Jesus sagte:
Lügt nicht,
und was ihr hasst, das tut nicht,
denn im Angesicht des Himmels ist alles offenbar.
Es gibt nichts Verborgenes, das nicht offenbar werden
wird,
und es gibt nichts Verdecktes, das nicht aufgedeckt
werden wird.

Verwandter Text: Mt 6,1ff

Offene statt religiöse Lebensweise

Ich begreife plötzlich:
All die religiösen Gewissensfragen
sind wie gefälschte, schwere Priesterkleider,
mit denen ich mich vor dem offenen Himmel verstecke.
Es ist so einfach, einfach nackt und bloß zu sein wie Liebende.
Die heimlichen Beweggründe des schlechten Gewissens
verbergen mein wahres Bedürfnis:
die Liebe zu lieben ohne Scham.

7

Jesus sprach:
Selig ist der Löwe,
den der Mensch essen wird,
und der Löwe wird Mensch sein.
Und elend ist der Mensch,
den der Löwe essen wird,
und der Mensch wird Löwe sein.

Verwandte Texte: 1 Petr 5,8; 1 Kor 15,54; 2 Kor 5,4

Aufhebung des Dualismus von Lehrer und Schüler

Ich, der Schüler, der Ungebildete, der Wilde, bin der Löwe.
Du, Meister, bist der entwickelte, vollendete Mensch.

Der Schüler will vom Meister überwältigt werden.
Wie geschieht das?
Wenn das ungezähmte Ich in mir ausgehungert wird
und mein wahres Selbst vom Lehrer ernährt wird und in ihn
übergeht.
In dieser Schule, o Meister, gelingt unsere Menschwerdung.

Heilige Mahlzeit, Sakrament des Menschen, selige
Verwandlung!
Glücklich, wer sich schon im Übergang der Verwandlung
befindet.
O Meister der Menschwerdung, bewahre mich vor dem
fressenden Tier in mir!
Schlimm wäre es, wenn wir mit fremden Indoktrinationen
wie wilde Tiere über deine Worte herfielen,
sie auseinandernähmen und vertilgten.
Heillose Mahlzeit, Sakrament des Löwen, unselige
Verwandlung!

20

8

Und er sagte:
Der Mensch gleicht einem klugen Fischer,
der sein Netz ins Meer geworfen hatte.
Er zog es herauf, voll von kleinen Fischen.
Unter ihnen
fand der kluge Fischer einen großen und guten Fisch.
Ohne zu zögern wählte er den großen Fisch
und warf alle kleinen Fische
in die Tiefen des Meeres zurück.
Wer Ohren hat, der höre!

Verwandter Text: Mt 13,47f

Der Fisch des Lebens

Ja, ich höre dich, einzig großer und guter Fisch!
Du hast mich zum Fischer gemacht,
denn du wolltest von mir gefangen werden.
Der Glückliche, der dich gefischt hat,
erkennt die hundert Wichtigkeiten als Nichtigkeiten.
Wer aber sich im Kleinlichen festhält, verzettelt sein Leben
und hat am Ende
nichts.

9

Jesus sprach:
Seht, der Sämann ging hinaus.
Er füllte seine Hand und warf aus.
Einige Samenkörner fielen auf den Weg,
die Vögel kamen und pickten sie auf.
Andere Körner fielen auf den Felsen,
sie trieben keine Wurzeln in die Erde
und schickten keine Ähren gen Himmel.
Wieder andere fielen zwischen die Dornen.
Diese erstickten den Samen
und der Wurm fraß ihn.
Und andere fielen auf gute Erde,
sie brachten gute Frucht zum Himmel empor:
sie trug sechzig Maß
und hundertzwanzig Maß.

Verwandter Text: Mk 4,1ff

Das Nichts und die Fülle

Erst im Alter sehe ich es:
Du bist frühzeitig mit gefüllter Hand
über meinen armseligen Herzensgrund geschritten
wie über den widrigen Grund der Welt
und hast schwungvoll gesät und gesät immer und überall.
Wie unbereitet und ungeeignet war ich dir,
doch du achtetest nicht darauf,
du vertrautest deiner Erde –
und staunend sehe ich: wir bringen zwar erst halben Ertrag
und du siehst schon doppelten Ertrag.

10

Jesus sprach:
Ich habe Feuer auf die Erde geworfen,
und jetzt hüte ich es,
bis es auflodert.

Verwandter Text: Lk 12,49f

Eine Welt in Flammen – nicht des Gerichts, sondern der Liebe

Schon lieben wir,
aber erst in kleiner Flamme.
Mächtig könnte sie auflodern,
wenn wir uns dir ganz als Brennstoff gäben.
Hüte uns unter unserer Asche
bis zum vollen Jetzt und Hier!
Scheitholz und Feuer bedürfen einander
und werden ganz eins.

11 A

Jesus sprach:

Dieser Himmel wird vergehen,
und der Himmel, der darüber ist, wird vergehen.
Und die Toten leben nicht,
und die Lebenden werden nicht sterben.
In den Tagen, da ihr Totes aßet,
habt ihr es zu etwas Lebendigem gemacht.

Verwandte Texte: Lk 9,60; Log 111; 1 Kor 15,54; 2 Kor 5,4

Zeit der Erde

Es gibt eine Zeit, da konsumieren wir nur materiell,
und so beseelen wir die materielle Welt,
bis sie sich verselbstständigt,
so dass uns über den Kopf wachsen
die gespaltenen Atome und die rechnenden Maschinen
und die gezüchteten Gene und die scheinlebendigen
Bildschirme –
an dem allen werden wir krank,
es sterben zuerst unsere Seelen, dann auch unsere Körper.
Diese Zeit ist noch und ist doch schon im Vergehen,
denn sie hat kein wahres Leben in sich.

Aber alle, die umkehren und den Kult des Todes überleben,
werden sich alles Tödliche dienstbar machen,
»und wenn sie etwas Tödliches trinken, wird es ihnen nicht
schaden«.
(Mk 16,18)

11 B
Wenn ihr aber im Lichte seid,
was werdet ihr dann tun?
Als ihr eins wart,
seid ihr zwei geworden.
Jetzt aber, da ihr zwei seid,
was werdet ihr tun?

Verwandte Texte: Gen 1,26f; 2,21ff; Log 22

Zeit des Himmels

Jesus, du fragst uns.
Wir müssen eine Antwort finden.
Immer wenn ich mir vorkomme, als sei ich ein einsames Ich,
dann ist mir die Welt gespalten in Ich und Du,
in Drinnen und Draußen,
in Himmel und Erde, in Freund und Feind.
Subjekt und Objekt.

Wenn ich aber im Licht bin,
dann bin ich nicht mehr ein entzweiter Zweifler,
sondern Zwillingsseele mit dir.
Dann erkenne ich: du und ich,
wir sind adelphinisch aus demselben Delphys[1] des Vaters
gekommen
Und soweit ich mich als dein Didymus kenne,
soweit erscheint mir die Welt nicht mehr gespalten,
sondern wie sie in Wahrheit ist: als eins in dir.

Was also werde ich tun?, fragst du.
Es gibt eine Stufe,

da bin ich allein in meiner monadischen Einsamkeit,
traurig wie Adam unter den Tieren.
Und es gibt eine Stufe,
da bin ich im göttlichen Tiefschlaf zwei geworden,
wie Adam mit Eva, seiner hellwachen Gegenüberin.[2]
Was aber nun? Was werde ich tun?
Ich will weiter, weiter will ich.
Ich suche die Zwillingsseele, Jesus genannt, immer aufs Neue,
und wer dich findet, immer aufs Neue,
dem wird alles zu einem:
Leben und Tod, Licht und Finsternis, Gut und Böse,
Gott und Welt, du und ich, ich und du.
Und im selben Maße werde ich aufhören zu spalten
und anfangen zu versöhnen,
werde ich aufhören zu verdrängen
und anfangen heimzuholen.
Das werde ich tun. Ich fange schon an.
Denn ich liebe.
Und wenn ich zurück muss in die immer noch scheinbar
gespaltene Welt,
so bleibe ich doch in deiner Liebe, die alles eint.
Ist das nicht die Zeit des Himmels, die nie vergeht?

[1] *Delphys* = *uterus*, Gebärmutter, ursprünglich: Fischbauch. *Adelphos* = Bruder,
der aus demselben Uterus Gekommene (die Vorsilbe a- hier nicht negativ ein
alpha privativum, sondern positiv ein *alpha conjunktionis*).
[2] Das hebäische Wort in Gen 2,18, das Luther mit »Gehilfin« übersetzt, meint
wörtlich: ein »Gegenüber-Angesicht«.

12

Die Jünger sagten zu Jesus:
Wir wissen, dass du uns verlassen wirst.
Wer wird uns dann führen?
Jesus sagte:
Gemäß dem Stand eurer geistigen Entwicklung
werdet ihr zu Jakobus dem Gerechten gehen.
Die Angelegenheiten von Himmel und Erde kommen ihm
zu.
Verwandte Texte: Gal 1,19; 2,9; Mk 9,33f

Vermittlungsnot

Du machst uns aufmerksam auf den Stand unserer geistigen
Entwicklung.
Du siehst es ganz nüchtern, ein wenig traurig, aber ohne
Vorwurf:
Wir werden also zu deinem leiblichen Bruder, zu Jakobus dem
Gerechten
oder irgendeinem anderen Oberhaupt gehen,
im Gehorsam gegenüber der Organisation –
und wegen unserer Leitungsbedürftigkeit.

Und wir werden nicht zu Jakobus dem Gerechten
oder irgendeinem anderen Oberhaupt gehen,
im Glauben an deine Inspiration
und wegen unsrer Mündigkeit.

Und wir werden doch zu Jakobus dem Gerechten
oder irgendeinem anderen Oberhaupt gehen,
als bräuchten wir es nicht,
nur aus dem Grund der Liebe und der Freiheit.
Hast du denn einen anderen Stellvertreter auf Erden
als den Parakleten, den Beistand, den Heiligen Geist,
den du uns eingehaucht hast
und der allein zuständig ist für die Angelegenheiten von
Himmel und Erde?[3]

---

[3] Vgl. Martin Luthers späte Resignation (Tischrede): Wenn ich noch einmal an-
zufangen hätte mit dem Evangelium, dann würde ich die große Menge des
Volkes *sub papam relinquere* (unter dem Papst belassen) und nur den angefoch-
tenen Gewissen mit dem Evangelium *clam succurrere* (heimlich zu Hilfe eilen).

13

Jesus sagte zu seinen Jüngern:
Vergleicht mich
und sagt mir, wem ich gleiche.
Simon Petrus sagte zu ihm:
Du gleichst einem gerechten Engel.
Matthäus sagte zu ihm:
Du gleichst einem weisen Philosophen.
Thomas sagte zu ihm:
Meister, mein Mund wird sich bestimmt weigern,
zu sagen, wem du gleichst.
Jesus sagte:
Ich bin nicht mehr dein Meister,
denn du hast getrunken von der sprudelnden Quelle,
die ich hervorströmen ließ,
und dich daran berauscht.
Und er nahm ihn beiseite
und sagte ihm drei Worte.
Als Thomas zu seinen Gefährten zurückkehrte,
fragten diese ihn:
Was hat Jesus zu dir gesagt?
Thomas antwortete ihnen:
Wenn ich euch nur eines der Worte sagen würde,
die er mir gesagt hat,
würdet ihr mit Steinen nach mir werfen,
und aus den Steinen würde Feuer sprühen
und euch verbrennen.

Verwandte Texte: Mk 8,27ff; Joh 4,13ff; Gal 2,20; Log 12 u. 108

Unmittelbarkeit

Ich höre, wie du zum Zwilling sagst:
Ich bin nicht mehr dein Meister,
wir sind zusammen ein Meister,
wir trinken aus derselben Quelle.

Ich glaube, dass du jeder Zwillingsseele unter vier Augen
eines Tages drei Worte sagst:
    Nun bist du wesensgleich mit mir geworden
    und darum wesensgleich mit dem Vater
    und wesensgleich mit dem Geist.
Oder gar nur dreimal drei Wörter:
    Du in mir.
    Ich in dir.
    Wir sind eins.

Ich verstehe,
ich bin dann unvergleichlich wie du
und weiß:
Vergleichen ist Hochmut,
Demut aber erkennt: Alles ist unvergleichlich.

14

Jesus sprach zu ihnen:
Wenn ihr fastet,
werdet ihr euch nur Sünde schaffen,
und wenn ihr betet,
werdet ihr verurteilt werden,
und wenn ihr Almosen gebt,
werdet ihr eurem Pneuma Böses zufügen.
Und wenn ihr irgendein Land betretet und es
durchwandert,
so esst, was man euch vorsetzt –
und heilt die Kranken dort.
Denn was in euren Mund hineingeht,
wird euch nicht verunreinigen,
aber was aus eurem Mund herauskommt,
das ist es, was euch unrein macht.

Verwandte Texte: Mt 6,1ff; Mk 7,15; Lk 10,8ff

Falsche und echte Reinheit

Von klein auf habe ich Guterzogener die Reinheit geliebt
und jegliche Unreinheit gescheut.
Du weißt es, Jesus, ich war ein Gewissensmensch.
Und doch haben mich Religion und Moral
mit ihren Verboten und Verheißungen verführt,
ichhaft zu fasten, ichhaft zu beten, ichhaft zu opfern.
Du aber sagst uns:
Lasst die Welt von Lob und Tadel, von Tabu und Tabubruch
hinter euch!
In meiner Welt, aus meiner Sicht,
könnt ihr essen und trinken nach Herzenslust,
was man euch vorsetzt.
Und ihr könnt alle Gesetze übertreten, wenn es um die Liebe
geht.
Und in meiner Welt könnt ihr eure innere Sonne
selbstvergessen strahlen lassen auf die Kranken, die euch
begegnen,
und auf die Verächter, die euch schmähen,
und auf die Unreinen, die man ausgeschlossen hat.

15

Jesus sprach:
Wenn ihr den seht,
der nicht von einer Frau geboren wurde,
so werft euch auf euer Antlitz
und betet an.
Er ist euer Vater.

Verwandte Texte: Gal 4,4; Mt 22,38; Joh 1,18; 10,30; 14,8

Kein Jesuskult

Jesus, du aus dem Schoß einer Frau Gekommener wie wir alle,
wie Mose und wie Mohammed und wie Buddha –
wenn wir dich sehen, sehen wir den Vater, der ohne Vater und
Mutter ist.
Dennoch willst du nicht, dass wir dich anbeten,
vielmehr willst du uns das Auge öffnen
für den unsichtbaren Urschoß, aus dem alles hervorgeht,
für die höchste Macht im Universum,
die Liebe, die uns alle geboren hat.

Und so lässt du uns sehen
unsere irdische Zeugung im Schoß unsrer Mutter
und unseren ewigen Ursprung im göttlichen Schoß des Vaters.
Und so erscheinen wir, wie auch du,
nicht nur als Kreaturen unserer Eltern,
sondern als Kinder des Höchsten.
Grund genug, uns niederzuwerfen und anzubeten
in der ungeborenen Unsichtbarkeit des Ewigen.

16

Jesus sprach:
Vielleicht denken die Menschen,
dass ich gekommen bin,
Frieden auf die Welt zu bringen,
und sie wissen nicht,
dass ich gekommen bin,
Uneinigkeit auf die Erde zu werfen,
Feuer, Schwert und Krieg.
Denn fünf werden in einem Haus wohnen,
sie werden drei gegen zwei sein
und zwei gegen drei,
der Vater gegen den Sohn
und der Sohn gegen den Vater.
Und sie werden als Einsgewordene   als Einzelne (N)
[monachoi] dastehen.   allein (D)

Verwandter Text: Lk 12,51ff

Der letzte Krieg und der letzte Friede

Das weiß ich wohl:
Wenn die Stunde der Freiheit gekommen ist,
hat das letzte Stündlein geschlagen
für Bevormundung und Unmündigkeit.
Vater oder Sohn, Mutter oder Tochter, Mann oder Frau
gehorchen nicht mehr falschen Ansprüchen und falschen
Bindungen.
Das ist der äußere Befreiungskrieg.

Der ist eine Folge des inneren Befreiungskrieges:
Jeder mit sich selbst Einsgewordene,
jeder vor dem himmlischen Vater mündig Gewordene
ist geprüft im spirituellen Krieg gegen das selbstische Ich,
befreit durch das Schwert der Unterscheidung der Geister,
geläutert durch das purgatorische Feuer der Umkehr,
erlöst von der Verblendung durch Bilder und Projektionen.
Das macht aus zweien eins und aus dreien eins und aus fünfen
eins,
wenn jeder mit sich selbst eins geworden ist
als Monachos Jesu.
Ein solcher Mönch der Liebe möchte ich werden
inmitten von Ehe und Familie,
zwischen den Fronten der Nationen und Konfessionen.
Du in mir bist es, der mich recht trennt und recht verbindet.
Und so stehe ich da als einer, der einsam ist wie du und
Zugang hat zu vielen.

17
Jesus sprach:
Ich werde euch geben, was kein Auge gesehen,
kein Ohr gehört
und keine Hand berührt hat,
und was nicht zum Herzen des Menschen aufgestiegen
ist.

Verwandte Texte: 1 Kor 2,9; Jes 64,3

Das nichtmachbare Mysterium

Ich frage:
Was mag das für eine Gabe sein,
so neuartig und einmalig und jenseitig in der Welt?
Es kann kein Charisma sein,
denn die Begabungen kennen wir und haben wir schon.
Es kann keine Geistesfrucht sein,
denn selbst die Feindesliebe kennen und leben wir schon.
Es kann keine Beziehung sein,
denn wir sind schon mit dir verbunden.
Aber es könnte eine Beziehung sein,
die ist ununterbrochene Kommunikation,
und die Kommunikation ist Kommunion
und die Kommunion ist Union
und die Union ist das Sakrament des Universums,
ist die Aufhebung des Todes
und die Aufhebung der Sünde
und die Aufhebung der Gegensätze
je und je und immer.

18

Die Jünger sagten zu Jesus:
Sage uns, wie unser Ende sein wird.
Jesus sagte:
Habt ihr den Anfang aufgedeckt,
um nach dem Ende zu suchen?
Denn wo der Anfang ist,
wird auch das Ende sein.
Selig, wer im Anfang stehen wird,
denn er wird das Ende erkennen
und den Tod nicht schmecken.

Verwandte Texte: 1 Kor 2,9; Log 50

Das Mysterium des Uranfangs

Die Seligkeit steht also am Anfang.
Stünde sie am Ende, müsste man an ihr zweifeln.
Der Anfang ist schon das Ende.
In der enthüllten Anfangsgestalt
kann man die Vollendung des Torsos erschauen.

Du bist über die Brücke des Heute gekommen,
uns abzuholen in die Gewahrsamkeit der Gegenwärtigkeit.
Der Anfang der Brücke heißt Hier
und das Ende der Brücke heißt Jetzt.
Unter uns schäumen die Wasser
des vergänglichen Todes.

19

Jesus sprach:

Selig der, der schon war,
bevor er wurde.

Wenn ihr meine Jünger seid
und meine Worte hört,
werden diese Steine euch dienen.

Denn ihr habt fünf Bäume im Paradies,[4]
die sich weder Sommer noch Winter bewegen
und deren Blätter nicht abfallen.

Wer sie erkennt,
wird den Tod nicht schmecken.

Verwandte Texte: Jer 1,5; Joh 8,52; Offb 22,2

---

[4] Nach Ruysbeck/Messing bedeuten »die fünf Bäume im Paradies« die fünf Gliedmaßen des ursprünglichen Menschen, die im Lebensbaum des Paradieses vereinigt werden. Nach K. Berger bedeuten sie die fünf Bücher Moses (S. 651).

Zum Baum des Lebens werden

Wenn ich zu deinen Schülern gehöre,
kann ich ahnen, dass auch ich paradiesisch schon war,
ehe ich irdisch wurde.
War ich nicht glücklich
im göttlichen Schoß der Präexistenz aller Seelen,
bevor ich Fleisch wurde und unglücklich,
bis ich dich fand und überglücklich mich in dir
wiedererkannte?

Jetzt scheinen mir auch die Steine, ja alles Tote beseelt zu sein;
denn wir sahen dich am toten Holz.
Da standest du unbewegt wie der fünfmalgepunktete
Ypsilonbaum.
An fünf Stellen blühten deine Wunden:
am Haupt wegen der Schwere der Krone,
am Herzen wegen der Schwerkraft der Liebe,
an den ausgebreiteten Händen vom fließenden Segnen,
an den gekreuzten Füßen von der wurzelhaften Geduld.
Nun gleichen alle, die in unserer Welt stigmatisiert wurden,
deinem paradiesischen Baum.
Wir tragen körperliche und seelische Wunden,
soziale und politische Wunden
und die spirituelle Wunde.
Es sind Vorzeichen des wiederkehrenden Paradieses.

20

Die Jünger sagten zu Jesus:
Sage uns, womit das Himmelreich vergleichbar ist.
Er sagte zu ihnen:
Es gleicht einem Senfkorn,
dem kleinsten aller Samenkörner.
Wenn es aber auf bestellten Boden fällt,
wächst daraus ein großer Schössling hervor,
der den Vögeln des Himmels Schutz bietet.

Verwandter Text: Mk 4,30ff

Das Kleine ist nicht klein

Unglaublich!
Diese universale grenzenlose göttliche Welt
hat sich winzig klein gemacht
und ist auch in meinen armseligen Seelenschoß gefallen
und keimt ohne mein Zutun,
bis ein Schössling aus dunkler Erde
zurück zum lichten Himmel wächst –
und dies milliardenfach in allen Seelen –
bis die eine Menschheitsseele vollendet ist.
Unglaublich!
Ich glaube, Herr, hilf meinem Unglauben!

21 A

Mariham sagte zu Jesus:
Wem gleichen deine Jünger?
Er sagte:
Sie gleichen kleinen Kindern,   Sie sind wie Sklaven,
die sich auf einem Feld   denen ein Feld anvertraut
aufhalten,   ist, (B)
das ihnen nicht gehört.
Wenn die Herren des Feldes kommen,
werden sie sagen:
Lasst uns unser Feld!   Her mit unserm Feld! (D)
Sie sind nackt vor ihnen,   Sie [die Kinder] ziehen sich nackt
so dass sie es ihnen [den Herren] lassen   vor ihnen aus, (B)
und ihnen ihr Feld geben.

Verwandte Texte zur Nacktheit: 2 Kor 4,16ff; Kol 3,9

Loslassen

Jesus, deine vertraute Freundin aus Magdala fragt dich,
wie sich deine Jünger in dieser Welt verstehen sollen.
Da schilderst du uns die künftige Identität deiner Kirche, der
Ekklesia:
weltlich und zugleich geistlich zu sein, kindlich und erwachsen
zugleich.
Wie kann deine Jüngerschaft das Ackerfeld Adams loslassen
und wieder paradiesisch nackt, neu naiv, sorglos und
anspruchsfrei werden?
Und wie kann deine Jüngerschaft zugleich hellwach,
scharfsichtig, kämpferisch
ihre geistlichen Güter und Gaben bewahren?

Wenn wir in der Taufe unsere alten Rollen ausziehen
und wieder die unschuldige Nacktheit Adams anziehen,
sind wir entweder entwaffnend wie die Kinder
und es fällt uns ein großes Feldstück dieser Welt als
Weltverantwortung zu –
oder wir überlassen das dornig-verfluchte Feld Adams den
Herren dieser Welt.

21 B
Darum sage ich euch:
Wenn der Herr des Hauses weiß,
dass der Dieb kommt,
wird er wachen, ehe er kommt,
und er wird ihn nicht eindringen lassen
in das Haus seines Königreiches,
die [königlichen] Sachen fortzutragen.
Ihr aber wacht angesichts der Welt,
gürtet eure Lenden mit aller Kraft,
damit die Räuber keinen Weg finden,
zu euch zu kommen.
Denn der Vorteil,   die Frucht. (D)
auf den ihr bedacht seid,
sie werden ihn finden.
In eurer eigenen Tiefe   Mögen also unter euch
seid ein erfahrener Mann!   verständige Menschen erstehen!
Als die Frucht reif war,   (D)
eilte er herbei, die Sichel in der Hand,
und erntete sie.
Wer Ohren hat zu hören, der höre!

Verwandte Texte zum Dieb: Lk 12,39f; zur Erntezeit: Mk 4,26ff

Bewahren

Zieht sich deine Kirche, die Ekklesia also in ihr geistliches Haus zurück,
um ihre himmlischen Güter zu bewahren,
dann müssen die Jünger hellwach und kritisch sein im Blick auf die Plünderer.
Denn wenn die Ekklesia selber zu einer vermögenden Herrin geworden ist
und sich mit ihrem Besitz in staatlich garantierter Sicherheit wiegt,
gerade dann kommt der Dieb, der neidische Nichtshaber namens Satan,
und raubt ihr alle Privilegien,
den Sonntag, den Advent, Weihnachten, Ostern, Pfingsten, die Diakonie, die Kunst, die Weisheit.
Erst die geistlichen, dann die geistigen, dann die materiellen Früchte.
Das nennt man dann Säkularisierung.

Dann aber sind deine Jünger wieder wie die nackten Kinder, die gottgeliebten,
und sind zugleich die weise gewordenen Feldarbeiter, die alles loslassen können,
die mit der Sichel warten können, bis die Zeit gekommen ist, die Welt für dich zu ernten.
O gib uns den Geist der Unterscheidung, damit wir verstehen, wann ist die Zeit reif für Loslassen, wann ist die Zeit reif für Ernten.

22

Jesus sah kleine Kinder, die gesäugt wurden.
Er sagte zu seinen Jüngern:
Diese saugenden Kinder gleichen denen,
die ins Königreich eingehen.

Sie fragten ihn:
Wenn wir also klein sind,
werden wir dann ins Königreich eingehen?

Jesus sagte zu ihnen:
Wenn ihr aus zwei eins macht,
wenn ihr das Innere wie das Äußere macht
und das Äußere wie das Innere
und das Obere wie das Untere
und wenn ihr das Männliche und das Weibliche
zu einem Einzigen macht,
so dass das Männliche nicht mehr männlich
und das Weibliche nicht mehr weiblich ist,
wenn ihr Augen macht   das Auge durch ein anderes
statt eines Auges   Auge ersetzt,
und eine Hand   eine Hand durch eine andere,
statt einer Hand
und einen Fuß   einen Fuß durch einen anderen,
statt eines Fußes
und ein Bild   ein Bild durch ein anderes Bild, (D)
statt eines Bildes,
dann werdet ihr in das Königreich eingehen.

Verwandte Texte zu den Kindern: Mk 10,13ff; zu den alten Gliedern:
Mk 9,43; zur Vereinigung: Mt 18,19; Joh 17,21; Gal 3,28; Log 48; 49; 89; 106

Alles zu seiner Einheit bringen

Erst als ich ein Erwachsener wurde,
wurde ich ein Erwachender
und sah, dass das Viele nur Eins ist,
und begriff meine Weltkindschaft und meine Gotteskindschaft.
Danke, Jesus!
Wir trinken an der Mutterbrust der Hagia Sophia,
und die Weisheit, die wir trinken, lässt uns erkennen,
dass es die Bilder der Gegensätze
nur in der Welt der Scheinbarkeiten gibt,
in der Welt der Wahrheit aber alles versöhnt und vereint ist
und es die Gegensätze gar nicht gibt,
weder oben noch unten, weder groß noch klein,
weder gut noch böse
(denn das Böse ist nur das verknotete Gute),
weder männlich noch weiblich
(denn männlich ohne weiblich ist herrisch
und weiblich ohne männlich ist dämlich),
alles drängt nach Vereinigung
und die Vereinigung geschieht,
wenn wir die fixen Bilder ersetzen durch flüssige Bilder.

23

Jesus sprach:

Ich werde euch erwählen, einen aus tausend
und zwei aus zehntausend,
und sie werden in ihrem Einssein
bestätigt werden.

Und sie werden als
ein einziger dastehen. (D)

Verwandte Texte: Ps 91,7; Mt 20,16 u. 8,11

Der Sog zur Einswerdung

Jesus, kurz sind deine Worte,
lang muss ich nachdenken.
Ich denke:
Alle sind gemeint, alle sind gewollt,
alle sind bejaht und gerufen.
Aber nur wenige sind ausgesucht als Beispiele dafür,
was der Schöpfergeist bei allen entwickeln will,
was in allen als Keim angelegt ist
und was die meisten (wegen ihrer ererbten
Schuldenkrankheit),
nicht entwickeln können, nämlich dies:
eine geeinte Seele.

Es ist aber gefährlich, zu wissen,
dass man zu den Beispielen einer von der Gnade geeinten Seele
gehört.
Selig die wenigen, die nicht wissen, dass sie ausgesucht sind.
Hoffnung besteht für die vielen,
die wissen, dass sie gespalten sind.
Arm dran sind die vielen, die ungeteilt eins sind
in ihrem in sich selbstverliebten Ich.

24

Seine Jünger sprachen zu ihm:
Unterrichte uns über den Ort, an dem du bist,
denn es ist notwendig, dass wir ihn suchen.

Er sprach zu ihnen:
Wer Ohren hat zu hören, der höre!
Licht
ist in einem Lichtmenschen,
und es erleuchtet die ganze Welt.
Leuchtet es nicht,
so herrscht Finsternis.

Verwandte Texte: Mk 6,22f; Mt 5,14

Lichtmenschen am Ort der Finsternis

Jesus, du bist der Mensch des Lichtes,
du bist immer präsent.
Aber wir, wir sind meistens im Dahindämmern versunken.
Dein Licht hat keinen Ort und keine Zeit,
dein Licht ist immer hier und jetzt.
Aber wir, wir tappen in vielen Orten und Zeiten umher.
Der Ort deines Lichtes und die Zeit deines Lichtes
sind da, wo und wenn ich ganz da bin.
Da leuchtest du ohne Unterbrechung.
Ich falle in Finsternis und erhebe mich zum Licht,
und falle und erhebe mich,
bis meine Ortszeit in der Welt vorbei ist.

25
Jesus sprach:
Liebe deinen Bruder wie deine Seele,
behüte ihn
wie deinen Augapfel.
Verwandter Text: Mk 12,31; Gen 4,9

Er ist wie ich

Liebe ich meine Seele?
Ist mein Bruder schon in meiner Seele?
Schütze ich meinen Blick vor Trübung?
Ist mein Bruder schon mein Auge geworden?
Sehe ich ihn schon ohne Trübung?
Bin ich schon sein Zwillingsbruder geworden,
so wie du, Jesus, mir zum Zwillingsbruder geworden bist?
Dein Gebot erweckt meine Sehnsucht
nach meinem Bruder – und nach mir.

26

Jesus sprach:
Den Splitter im Auge deines Bruders,
den siehst du,
aber den Balken im eigenen Auge,
den siehst du nicht.
Erst wenn du den Balken aus deinem Auge entfernt hast,
wirst du klar genug sehen,
um den Splitter aus dem Auge deines Bruders
zu entfernen.

Verwandter Text: Mt 7,3ff

Klarsicht

Jesus, du bist der gute Psychologe,
du Menschenkenner, du Herzenskenner, du Weisheitslehrer.
Du kennst die Machenschaften des Herzens,
das immer verdrängt, überträgt, projiziert und vorverurteilt.
Dein Auge sieht klar.
Seh ich mich mit deinen Augen, seh ich mich in Wahrheit.

Und Jesus, du bist der gute Therapeut,
du heilst mein Auge, das blind für mich selbst ist,
das meine Finsternis nur im Auge des anderen sieht.
Du heilst mich mit dem Blick deiner Liebe.

Und Jesus, du bist der gute Mystiker,
du machst mein Auge und das Auge meines Mitmenschen
zu einem einzigen Auge, zu deinem Auge.

Du bist der gute Hirte unserer Seelen,
du führst uns durch die Finsternis in den Urgrund
der alles sehenden, alles verstehenden, alles verzeihenden
Barmherzigkeit.

27

Wenn ihr nicht fastet gegenüber der Welt,   euch nicht der
werdet ihr das Königreich nicht finden.   Welt enthaltet, (D)
Wenn ihr den Sabbat nicht zum Sabbat macht,
werdet ihr den Vater nicht sehen.

Verwandte Texte: Mk 8,36; 2,27f

Freiheit im Sein

In dem Maße, prozentgenau,
in dem ich mich
der Inhalte der Scheinwelt enthalte,
im selben Maße, prozentgenau,
zeigt sich mir die wahre Welt.

Denn in der Welt der scheinenden Dinge
bin ich überaktiv und süchtig und blind.
Aber in der wirklichen Welt
wirkt das Sein selbst
und macht mich gelassen.

In dem Maße,
in dem ich im Sabbat lebe
und durch den Sabbat das Leben feiere,
im selben Maße sehe ich,
wie das wahre Sein
den feiernden Schöpfer spiegelt.

Denn im Seinsgrund
bin ich empfänglich,
genieße ich das Versorgtsein.
Aber ohne die Seinsverbindung
bin ich ein hektischer Macher.

Danke, Jesus,
für das Vorbild deines Lebensstiles!

28

Jesus sprach:

Ich stand in der Mitte der Welt   Ich stand mitten in der Welt
und habe mich ihnen in meinem
    Fleisch offenbart.   und erschien ihnen im Fleisch.
Ich fand sie alle betrunken vor.
Ich habe unter ihnen keinen Durstigen gefunden,
und meine Seele hat für die Söhne der Menschen gelitten,
empfand Schmerz über sie,
weil sie blind sind in ihrem Herzen
und nicht sehen,
dass sie leer zur Welt gekommen sind,
und sogar versuchen, die Welt leer
    zu verlassen.   leer auch wieder aus der Welt gehen.
Doch seht: Jetzt sind sie betrunken.
Erst wenn sie den Wein ausgeschieden haben,
wird sich ihr Wesen ändern.   werden sie sich bekehren. (D)

Verwandte Texte: Joh 1,9ff; 1 Tim 3,16; Mt 17,17; Offb 17,2

Offenbarung mitten im Leben

Indem du das sagst, Jesus, merke ich auf einmal,
dass ich benebelt bin, und sogleich werde ich stocknüchtern.
Ich spüre deinen Schmerz über uns,
deine Einsamkeit mitten in der Menschenwelt –
und deine Liebe, die dich in unser Fleisch trieb,
um uns nahe zu sein in der Mitte der Welt,
nicht nur am Rande des Lebens.

Ich sehe jetzt,
dass ich voll guter und böser Illusionen war
über mich und die Meinen und die ganze Welt.
Voll war ich, voller Meinungen, voller Nichtigkeiten,
so dass ich nicht merkte, wie leer ich war, ohne Seinsgewicht.
Jetzt weckst du mich aus meiner Weltweinseligkeit
und meine Seele spürt ihren Durst
nach dem Wein deines Geistes
und nach der nüchternen Geisttrunkenheit der Apostel und
    Propheten.
Ich weiß jetzt, was ich zutiefst gewollt habe,
als ich mich vergaß und mit Scheinlösungen befriedigte.

29

Jesus sprach:

Wenn das Fleisch des Geistes wegen entstanden ist,
ist es ein Wunder.

Wenn aber der Geist des Leibes wegen entstanden ist,
ist es ein wundersames Wunder.

Aber ich, ich wundere
mich darüber,   Dann wundere ich mich darüber,
wie dieser große Reichtum   wie sich dieser große Reichtum
in dieser Armut gewohnt hat.   in einer solchen Armut hat
                                         niederlassen können. (D)

Verwandte Texte: Joh 3,6; Apg 2,17; Gal 5,17

Unvermischt und unzertrennt

Jesus, du bist kein Idealist, der die Körperwelt gering schätzt;
du bist kein Materialist, der die Geisteswelt gering schätzt;
du bist ein Liebhaber der Einheit von Fleisch und Geist;
denn du bist der Versöhner von Materie und Geist:
Was wäre der Geist ohne Körper,
was wären die Körper ohne Geist?
Ist nicht aller Geist leibhaftig
und alle Materie geisthaltig?
Du jedenfalls zeigst dich in deiner Menschwerdung
als der Sohn der Mater Maria
und als Sohn des Vaters aller Geister.
Du entspringst einem orgastischen Mysterium der Liebe,
und in der Ekstase des Ursprungs
hast du jeden Stern im Kosmos mit Bedeutung beseelt
und bist mit deinem Reichtum in die Armut unserer kleinen
Erde gekommen,
um die Evolution weiterzuführen bis zur Hochzeit von
Himmel und Erde.
Schon feierst du mit uns das Mahl der Vereinigung,
und wir wissen bereits,
dass Materie zu Energie und Energie zu Geist werden kann
und umgekehrt.
Du bist unsere Welteinheitsformel, und in deiner Gleichung
hebst du schlussendlich die Trennung von Schöpfung und
Schöpfer auf.

Du selbst hast mich zu solchen Gedanken verführt;
sie stehen mir nicht zu.
Auch das wundert mich sehr.

30
Jesus sprach:
Wo drei Götter sind,
da sind es Götter,
wo zwei sind oder nur einer,
da bin ich mit ihm.

Wo drei [zwei und eins: Mann und Frau in fleischlicher Vereinigung]
[Kinder der] Götter
[der Mächte der Welt] sind, da sind Götter.
Wo zwei oder eins sind [männlich und weiblich zu einem werden],
da bin ich. (D)

Wo drei Götter sind, da sind Götter. Wo aber zwei Menschen sind
oder auch nur einer,
da bin ich mit ihm.
[Denn ich, der wahre und einzige Gott,
suche nicht die Gesellschaft von Göttern, sondern von
Menschen.] (B)

Verwandte Texte: Mt 18,20; Lk 10,1

Der geeinte Gott im geeinten Menschen

Jesus, wenn wir die Majestät der Heiligen Trinität gedanklich
zerspalten,
dann huldigen wir der Dreigötterei:
hier Gott, hier die Welt, hier Ego.
Und dann haben wir die Liebe gespalten und unseren Verstand
gespalten.
Und dann haben wir uns verloren.
Und haben dich verloren und den Vater und den einenden
Geist.

Wenn wir aber die ganze Gottheit und die ganze Menschheit
vereint sehen in dir, dem einen Gottmenschen,
dann haben wir dich ganz in uns und uns ganz in dir.
So sind wir eins geworden inmitten einer noch vielfältig
gespaltenen und unversöhnten Welt.

31

Jesus sprach:

Kein Prophet gilt etwas in seinem Dorf,
kein Arzt heilt die,
die ihn kennen.

Verwandte Texte: Mt 6,4f; Joh 4,4

Mein Ort ist mein Heil

Längst ist das prophetische Wissen
bei uns und auch in mir angekommen;
aber wir folgen ihm nicht.
Längst ist die heilende Kraft
bei uns und auch in mir vorhanden;
aber wir trauen ihr nicht.

Ich will dich, den Arzt, im Gewöhnlichen glauben,
nicht im Sensationellen;
ich will dich im Alltäglichen finden,
nicht in Gipfelerlebnissen;
ich will dich, den Propheten, in jedem Hier und Jetzt meiner
Provinz verehren,
nicht in den großen Erwartungen von Dort und Dann,
sondern im schlichten Nimmerleinsort und Nimmerleinstag.

32
Jesus sprach:
Eine Stadt, die auf einem hohen Berg erbaut wurde
und die befestigt ist,
kann weder fallen noch verborgen werden.
Verwandte Texte: Mt 5,14; 7,24f

Hochgemute Demut

Meine Stadt auf dem Felsen gebaut –
der Felsen bist du.
Meine Stadt ummauert gegen die Dämonen –
die Mauer bist du.
Meine Stadt allen sichtbar unter dem Himmel der Nacht –
meine Ausstrahlung bist du.
So also siehst du, Jesus, meine Seele,
so siehst du deine Kirche, die Ekklesia.

Wir aber, wir machen uns klein und schwach,
wir grenzen uns nicht ab, wir lassen uns überfluten,
wir verstecken uns feige.
Staunend nehme ich wahr, dass du uns, deine Schüler,
ganz anders siehst: stark, leuchtend.

33
Jesus sprach:

Was ihr mit dem einen Ohr hören werdet,
> Was du mit deinem Ohr hörst,

das schreit in das andere Ohr
> das predige dem Ohr des andern

und verkündet es von den Dächern.
> von den Dächern. (D)

Denn niemand zündet eine Lampe an
> … und mit dem andern Ohr, verkündige es.

und stellt sie unter den Scheffel
> Was du hören wirst mit deinem Ohr und mit dem

oder an einen verborgenen Ort;
> andern Ohr, das verkündigt auf euren Dächern. (N)

sondern man stellt sie auf den Leuchter,
damit alle, die kommen und gehen,
ihr Licht sehen.

Verwandte Texte: Mt 10,27; 5,15

Ohr und Mund gebrauchen

Von dir, Jesus, geht aus
von Ohr zu Ohr, von Mund zu Mund,
eine Flüsterkette, eine Rufstaffel, ein stilles Geschrei.
Es ist die Zeit der Enthüllung und Erfüllung gekommen,
die Zeit des allgemeinen Wandels.
Die Steine reden schon,
die Toten in den Gräbern rufen schon,
die verschütteten Denkmäler kommen ans Licht,
die kleinen Kirchenlichter werden zu Weltleuchten und
umgekehrt.
Traut euch, macht mit, kommt hervor!
Nur wer nichts hört, darf schweigen.
Wer sein Ohr am Puls der Heilsgeschichte hat,
muss den Mund aufmachen.

34
Jesus sprach:
Wenn ein Blinder einen Blinden führt,
fallen beide in eine tiefe Grube.

Verwandter Text: Mt 5,14

Wisse, ob du blind bist

Wenn sich die Eingebildeten, die Verblendeten, zusammentun,
wenn sich Hochmut und falsche Bescheidenheit in uns paaren,
wenn wir verblendeten Religions- und Volks-Führern
blindlings folgen,
fallen wir schlussendlich in tiefe Depression,
es sei denn, wir erkennen, rechtzeitig nüchtern geworden,
den heilsamen Nullpunkt, den rettenden Boden der nackten
Tatsachen.
Dann lässt du uns aufsteigen in deine Christuswirklichkeit.

35
Jesus sprach:
Niemand kann
in das Haus des Starken eindringen
und es mit Gewalt nehmen,
es sei denn, er fesselt ihm die Hände:
dann wird er das Haus auf den Kopf stellen.   ... wird er sein
                                        Haus ausräumen können. (D)

Verwandter Text: Mk 3,27

Ich bin schwach – ich bind stark

Aber es war ja schon jemand eingedrungen in mein Haus
und hat mich gefesselt
und alles in Besitz genommen:
der Dämon meiner Väter.

Aber dann bist DU gekommen
und hast mich entbunden
und an dich gebunden
und alles in Besitz genommen.

Seit du mein Ich gefesselt hast,
ist meine Seele frei.
Seit meine Seele frei ist,
gehorcht mir mein ganzes Haus.

36
Jesus sprach:
Sorgt euch nicht von morgens bis abends
und von abends bis morgens darum,
was ihr anziehen sollt.

Verwandter Text: Mt 6,25ff

Jenseits der Kostümzwänge

Das sagst du nicht den Frierenden;
mit denen sollen wir unseren Rittermantel martinisch teilen.
Das sagst du den Gepanzerten,
die keinem Hier und Jetzt vertrauen wollen,
denen, die immer neue Kostüme für neue Rollen haben wollen.
Der eine ungenähte Rock hat dir, Jesus, wunderbar genügt.

Der Ewige, gepriesen sei er,
sitzt in seinem paradiesischen Sabbat
und schneidert Kleider für die Seinen:
für den Ersten Menschen das rote Hautkleid Inkarnat,
für den Letzten Menschen das weiße Lichtkleid Goldbrokat.

37
Seine Jünger fragten:
An welchem Tag wirst du dich uns offenbaren,
an welchem Tag werden wir dich sehen?

Jesus sagte:
Wenn ihr eure Scham ablegt   Wenn ihr eure Furcht vor der
eure Kleider nehmt,   Blöße ablegt, (D)
sie vor eure Füße legt
und wie die kleinen Kinder zertrampelt,
dann werdet ihr den Sohn des Lebendigen sehen,
und ihr werdet keine Furcht kennen.
Verwandte Texte: Gen 3,7 u. 21; Kol 3,9; Log 21

Ohne Scham der Wahrheit ins Auge sehen

Du bist ja immer offenbar,
aber wir, wir sind verhüllt, verkleidet, verdeckt,
verschlossen, verschämt, verklemmt.
Pure Angst steckt hinter unsren Eitelkeiten.
Es liegt an uns, zornig wie Kinder zu werden,
die lieber nackt herumlaufen als in Dress und Dressur.

Sind wir nicht in der Taufe aus den alten Klamotten
geschlüpft?
Es liegt an uns, die Rollenzwänge und Etiketten abzulegen,
die Masken, Moden und Programme,
die uns vor deiner Wahrheit abschirmen.
Endlich frei sein vom furchtsamen Gewissen,
endlich frei sein für Lieben und Geliebtwerden!

38

Jesus sprach:
Wie oft habt ihr danach verlangt,
diese Worte zu hören,
die ich euch sage,
und ihr habt keinen anderen,
von dem ihr sie hören könntet.
Es werden Tage kommen,
an denen ihr mich suchen
und nicht finden werdet.

Verwandte Texte: Amos 8,11ff; Lk 17,22; Joh 7,33; Log 59 u. 92

Nur jetzt, nicht später

Inzwischen weiß ich: Hätte ich zehn Lehrer und hundert Prediger,
die mir deine überlieferten Worte beibringen –
es wären nicht deine Worte, es wäre nicht deine Stimme,
wenn ich es nicht in meinem eigenen Herzen hören würde.
Und ich weiß auch, dass mein Herz alles vergisst,
wenn mich die Weltzeit wie eine Endzeit überflutet,
so dass ich deine Worte nicht mehr vernehmen kann.
Aber dann kommt nach den vielen Tagen der eine Tag,
an dem wir dich in uns in endgültiger Klarheit hören,
am Tag des vollen Jetzt.

39

Jesus sprach:

Die Pharisäer und die Schriftgelehrten
haben die Schlüssel der Gnosis erhalten
und haben sie versteckt.
Sie sind nicht eingetreten,
und die, die eintreten wollten,
haben sie nicht hineingelassen.
Ihr aber, seid umsichtig wie die Schlangen
und rein wie die Tauben.

Verwandte Texte: Lk 11,52; Log 3 u. 67; Mt 10,16

Der Schlüssel zur Freiheit

Einige unserer Kirchenväter wussten noch:
Gnosis löst uns von unserer Blindheit,
Gnosis macht uns mündig,
Gnosis gibt uns alle Schlüssel und macht uns unabhängig
von Priesterherrschaft und Herrschaftswissen.
Gnosis verbindet uns unmittelbar mit deinem Geist.
Einige unserer Kirchenväter versteckten den Schlüssel vor uns,
denn sie fürchteten, dass wir uns mit ihm zu viel Freiheit
erschlössen.
Sie wollten, dass wir einfach nur glauben.

Jahrhunderte blieb der Schlüssel versteckt,
man dozierte über ihn, aber er verrostete,
weil man sich vor seinem Gebrauch fürchtete.
In unseren Tagen wurde er wiederentdeckt
und in Gebrauch genommen:
manchmal mitten in deiner Gemeinde,
manchmal weit außerhalb der Gemeinde, wo immer du bist.
Aber nur diejenigen sind deiner Gnosis würdig,
die sich vor der Schlangen-Erkenntnis von Gut und Böse nicht
fürchten
und zugleich in der Tauben-Einfalt der Demut verharren.

40

Jesus sprach:

Ein Weinstock wurde außerhalb des Vaters gepflanzt,

und da er nicht feststeht,   nicht in festem Grund wächst, (D)

wird er mit der Wurzel ausgerissen werden

und verdorren.

Verwandte Texte: Mt 15,13; Joh 15

Außerhalb des Vaters besteht nichts

Wo ist außerhalb des Vaters?
Außerhalb des Sohnes.
Wo ist außerhalb des Sohnes?
Außerhalb des Geistes.
Wo ist außerhalb des Geistes?
Außerhalb der Liebe.
Wo ist außerhalb der Liebe?
Außerhalb des Urgrundes.
Im Nichts.
Im Nichtigen werden alle Dinge wesenlos.
Im Nichtigen wird alles Wichtige zunichte.
Auch der heilige Weinstock.
Er wird zum scheinheiligen Gerede.

41

Jesus sprach:

Wer in seiner Hand hat, dem wird man geben,

und wer nichts hat,

dem wird auch das Wenige, das er hat,

genommen werden.

Verwandte Texte: Mk 4,25; Lk 19,26

Zinsen – materiell oder spirituell

Jesus, du bist der Kapitalist des Himmelreiches,
der Zinsgott Mammon ist dein Nachäffer,
aber er zerstört mit seinem Zins- und Zinseszinssystem
die irdische Gerechtigkeit:
Wenn und weil der Reiche reicher wird, wird der Arme ärmer.
Aber die himmlische Gerechtigkeit ist anderer Art:
Du preist die Armen der Erde glücklich,
weil ihnen in ihrer Armut das Himmelreich der Menschlichkeit
gehört,
und wer auf Erden das Angeld des Geistes empfangen hat,
dem vermehrt es sich zur Fülle.
Der euroamerikanische Besitzbürger aber mit seiner Glücks-
und Segensreligion,
dem schwindet der Geist deines Vaters
im selben Maß, wie seine Aktien steigen,
und er verfällt, ohne es zu merken, der objektiven
Unmenschlichkeit.
Das ist die Gerechtigkeit deines Reiches.
Erstaunlich, diese umgekehrte Entsprechung
von himmlischer und irdischer Welt!
Was für ein geheimnisvolles Entweder-Oder von Geld und
Geist!
Selig die Spekulanten, die alles verloren haben,
denn sie sind frei geworden, um auf eine andere Wirklichkeit
zu setzen.

42

Jesus sprach: Werdet, indem ihr vorübergeht. (N)
Seid Vorübergehende. Werdet Vorübergehende. (D)

Verwandte Texte: Ex 12,11; Mt 10,11; Hebr 11,13f; Log 14 u. 86

Einheit von Nähe und Distanz

Jesus, das sagst du als ewiger Jude im immerwährenden Passa.
Mit diesem Wort befreist du mich blitzartig
von allen falschen Bindungen, von allen Einbildungen,
mit denen ich mich und die anderen festhalte.
Wie in einer Erleuchtung wird mir bewusst, was ich vergessen habe:
Dass meine Wurzeln im Himmel sind, der ewig bleibt,
und nicht in der Welt, die immer schneller kommt und geht.
Du machst mich zum glücklichen Pilger.

Der ferne Santiago ruft mich und sagt: »Brich auf!«
Vater Benedikt nimmt mich zu sich und sagt seine zwei Worte:
»Bete und arbeite!«
Meister Eckhart nimmt mich mit sich und sagt seine zwei
Worte: »Lass dich!«
Bruder Franz nimmt mich mit sich und sagt seine zwei Worte:
»Pax et Bonum!«
Doktor Martinus geht mit mir und sagt seine zwei Worte: »Sola
gratia!«
Bruder Tersteegen ist mit unterwegs und sagt seine zwei
Worte: »Gott ist gegenwärtig!«
Dietrich Bonhoeffer nimmt mich mit sich und sagt seine zwei
Sätze:
»Wir leben noch in der Welt von Sünde und Tod.
Aber wir sind schon über Sünde und Tod hinaus.«

Ich bin in diese Welt gesetzt,
aber ich bleibe nicht hocken in dieser Welt. Ich gehe weiter.
Ich lasse mich ein auf diese Welt.
Aber ich verlasse mich nicht auf diese Welt. Ich gehe weiter.
Und im Weitergehen komme ich zu meinem Sein,
zum Urgrund meines Seins.

43

Seine Jünger sagten zu ihm:
Wer bist du, der du uns solche Dinge sagst?
[Er antwortete:]
Aus dem, was ich euch sage,
erkennt ihr nicht, wer ich bin?
Doch ihr, ihr seid wie die Juden: [abgekürzt für: die herr-
Sie lieben den Baum,   schenden jüdischen Religionsführer]
sie hassen seine Frucht,
sie lieben die Frucht,
sie hassen den Baum.

Verwandte Texte: Mt 11,3ff; Joh 8,26; Lk 6,43ff

Jenseits von Zweifel und Zwiespalt

Als Kinder der Welt schütteln wir den Kopf über dich, Jesus.
Als Schüler deiner Welt schütteln wir den Kopf über unsere
Welt.
Wir sind gespalten in einerseits und andererseits.
Was wir hassen, lieben wir, was wir lieben, hassen wir.
Wir wechseln die Ansichten, wir zweifeln, wer wir selber in
Wahrheit sind.
Bin ich ein Liebender, bin ich ein Hassender?
Ich weiß es nicht, solange ich nicht weiß, wer du bist.
Du bist aus dem einen ungeteilten Seinsgrund
des einen ungeteilten Gottes gekommen.
Dorthin nimmst du uns mit dir zurück.

44
Jesus sprach:
Wer den Vater lästert,
dem wird vergeben werden,
und wer den Sohn lästert,
dem wird vergeben werden.
Aber wer den reinen Geist lästert,   den Heiligen Geist (D)
dem wird weder auf Erden noch im Himmel vergeben
werden.
Verwandte Texte: Mk 3,28f; Lev 24,11ff

Spiritueller Selbstmord

Was für eine gewaltige Toleranz!
Wir können Gott beschimpfen,
und es geschieht von tausend Hiobs täglich tausendfach,
und wir werden nicht bestraft, denn dein Vater erträgt uns,
und es ist uns vergeben,
schon bevor wir erschrocken verstummen.

Wir können dich, Jesus, beschimpfen,
und es geschieht seit deiner Passion täglich tausendfach,
und es wird uns vergeben,
wie du deinen Peinigern vergibst, die nicht wissen, was sie tun,
und du bleibst auch dem Unmenschen treu.

Wir können den all-liebenden Geist beschimpfen,
und das können wir nur,
wenn wir bereits wissen, dass es ihn gibt.
Wenn wir ihn trotzdem schmähen,
dann haben wir die Vergebung selbst geschmäht
und wir haben uns selbst von der All-Liebe exkommuniziert.
Wer sein innerstes Heiligtum schmäht, bleibt in der
Heillosigkeit.
Wer seinen Urgrund schmäht, geht zugrunde.

45

Jesus sprach:

Man erntet keine Trauben von den Dornen
und man pflückt keine Feigen von den Disteln,
denn sie geben keine Frucht.
Ein guter Mensch holt Gutes aus seinem Schatz hervor,
ein böser Mensch holt Böses   ein schlechter Mensch bringt
aus dem bösen Schatz hervor,   Schlechtes hervor, (D)
der in seinem Herzen ist,
und er sagt böse Dinge:
denn aus dem Überfluss des Herzens
holt er Böses hervor.

Verwandte Texte: Lk 6,44f; Log 43

Identitätswechsel

Bin ich gut?
Bin ich schlecht?
Bin ich gespalten?
Wer bin ich?
Bin ich nicht zweipolig wie die Natur,
die voll ist von Dornen und Trauben,
voll von Disteln und Feigen?

Unter deinen klaren Worten gibt es keinen Kompromiss.
Unter deinen liebenden Blicken
gerate ich ins Werden
vom Alten Menschen zum Neuen Menschen.
Ich entdecke den bösen Schatz meines Herzens.
Du hebst ihn mir
und deponierst ihn Tag für Tag auf dem Schuttberg Golgata,
auf deinen göttlichen Rücken.
Die Dornen – wo sind sie? Auf deinem Haupt.

Da entdecke ich den guten Schatz meines Herzens.
Du hebst ihn mir,
und stellst ihn mir Tag für Tag zur Verfügung.
Deine Trauben – wo sind sie? In deinem Kelch.

So fließt Gutes aus dem Urgrund des Herzens,
es strömt in den Mund und in die Welt.

Du wirst mir zur neuen Identität
jenseits von Gut und Böse.
In dir liegt meine Einheit
jenseits aller Spaltungen.
In den Augen der ewigen Kritik ist meine Wurzel schlecht.
In den Augen der ewigen Liebe bin ich durch und durch gut.
Meine Augen werden deine Augen.
Deine Früchte werden meine Früchte.

46
Jesus sprach:
Von Adam bis Johannes dem Täufer
übertrifft unter den von Frauen Geborenen
niemand Johannes den Täufer
derart, dass seine Augen [im Tode]
nicht brechen werden.   Vor niemandem braucht er
Ich aber habe gesagt: die Augen zu senken. (D)
Wer von euch klein sein wird,
wird das Königreich erkennen
und größer als Johannes sein.
Verwandter Text: Mt 11,11

Kleine Seele – ganz groß

Ich war in deinen Diensten ein kleiner Prediger, ein kleiner Lehrer
und manchmal vielleicht auch ein kleiner Prophet.
Ich habe viel mit Wasser getauft und die Getauften wieder mit Erde begraben.
Ich habe einigen Seelen bei ihrer Neugeburt beigestanden.
Und so habe ich einige Sandkörner in der großen Wüste der Geschichte
um einige Zentimeter bewegt, wie es die Ameisen machen,
die von sich sagen: Jede von uns hat die Wüste verändert.

Aber nicht darin besteht die Bedeutung meiner Winzigkeit,
sondern darin, dass du zu mir in die Wüste kamst
und ich mich nach langen Zweifeln von dir lieben ließ.
Erst seitdem bin ich für Augenblicke in deinem Königreich.
Von dort schaue ich hinaus und zurück
zum großen Mann der Wüste, zum Täufer Johannes,
ohne meine Augen zu senken.

War meine Seele nicht schon in Adam
und glücklich mit ihm im Paradies?
War meine Seele nicht in Elias
und unglücklich mit ihm in der Wüste?
War meine Seele in meiner Heiligen Taufe
nicht selig in deiner Taufe im Jordan?

71

47

Jesus sprach:
Es ist unmöglich,
dass ein Mensch auf zwei Pferden reitet,
dass er zwei Bögen spannt.
Und es ist unmöglich,
dass ein Diener zwei Herren dient,
oder aber er wird den einen ehren
und den anderen verhöhnen.

Niemand trinkt alten Wein,
es sei denn, er verlangt sogleich neuen Wein zu trinken.
Neuen Wein gießt man nicht
in alte Schläuche,
aus Angst, die könnten platzen,
und alten Wein gießt man nicht
in einen neuen Schlauch,
aus Angst, er könnte ihn verderben.
Man näht nicht einen alten Flecken
auf ein neues Kleid,
denn dadurch würde ein Riss entstehen.

Verwandte Texte: Mt 6,24; Lk 5,3

Kein Doppeldienst am Unvereinbaren

Was bin ich für ein Krieger –
reite auf zwei Pferden, spanne zwei Bögen, habe zwei Ziele,
folge zwei Heerführern
und möchte schließlich in ein Weder-Noch flüchten.
So geht es nicht.
Es ginge nur im Wahn,
mit gespaltenem Kopf,
mit zerteiltem Herzen,
aber es geht nicht mit dem Leib
und es geht nicht in Wahrheit.
Bevor ich dich, Jesus, in Wahrheit kannte,
war ich noch entzweit in mir und in der Welt.
Ich lebte in der alten Welt der Ängste und Süchte,
im Folterkeller von Lob und Tadel.
Da kamst du in meinen Kelterkeller.
Das alte Fass lief aus,
du gabst mir eine neue Fassung, deinen neuen Geist zu trinken.
Da kam ich ans Licht
und wurde nüchtern.

48

Jesus sprach:
Wenn zwei miteinander Frieden schließen
in ein und demselben Haus,
werden sie zum Berg sagen:
Hebe dich hinweg,
und er wird sich hinwegheben.

Verwandte Texte: Mt 17,20; 18,19; 1 Kor 13,2; Log 106

Schalom im inneren und äußeren Haus

Das habe ich je und je erfahren:
Wenn ich vereinsamt bin in meinem inneren Haus,
bin ich ein sinnloser Sisyphus.
Einsam gelingt mir nichts.
Wenn ich mit dir vereint bin, meinem Wahren Selbst, versinken
die Angstberge, die Sorgenberge, die Problemgebirge.
Sie stellen sich als Illusionen heraus.
Die Wirklichkeit ist Friede.

Wenn ich dann in mein äußeres Haus gehe,
spüre ich deine Kraft, Frieden zu machen
mit Freund und Feind.
Wenn ich dich in meinem Mitmenschen erkenne,
haben wir Macht über die Berge.
Gemeinsam gelingt uns vieles.
Wenn wir mit dir vereint sind, sind wir bei dir zu Haus.

49

Jesus sprach:

Selig seid ihr Einsgewordene,   sind die Einsamen, sie sind

denn ihr werdet das Königreich finden.   die Erwählten, (B)

Da ihr aus Ihm hervorgegangen seid,

werdet ihr dahin zurückkehren.

Verwandte Texte: Joh 1,12; 3,31; Log 16; 49; 75

Das Glück des Alleinigen

Soll ich es wagen, mich unter deiner Seligpreisung
zu der inoffiziellen Schar der Unzählbaren zu zählen,
wo ein Mensch auf eine einmalige und universelle Weise
ein Einzelner ist in der Welt,
ein Single in der Gesellschaft,
ein Unikum für die spöttische Menge,
ein Einsamer in der geselligen Kirche,
ein stiller Eremit in der lauten Stadt,
ein Geeinter in der dualistischen Welt,
ein Einsgewordener nach jahrelanger Psychospaltung,
ein Universeller in der Landschaft der Parteien,
ein Heimatloser zwischen den Lagern,
ein Unabhängiger im Zweierbund,
ein Eigenständiger im Ehestand,
ein Selbstbestimmter unter Fremdbestimmten,
ein Mönch ohne Kloster,
ein Monarch unter befreundeten Monarchen,
oder – ein Zwilling des Einziggeliebten?

Du gabst uns die Ahnung ein,
dass wir doppelten Ursprungs sind:
abstammend in der Genfolge der Generationen,
zwielichtige Zellhaufen, Samen schwieriger Vorväter,
sexuellen Leibes, sehnsüchtig auf Ergänzung angelegt –
und abstammend vom ewigen Licht,
präexistierende Seelen als Gottesgedanken im Herzen des
ewigen Vaters.
Ja, heimkommen will ich ins Königreich,
dem die Königskinder entstammen,
ja mehr als heimkommen:
Neu erscheinen will ich als endlich Einsgewordener
aus himmlischer und irdischer Wurzel
in der steten Durchdringung von Materie und Geist,
von Mater und Pater.

50
Jesus sprach:
Wenn die Menschen euch fragen:
Woher kommt ihr?
So antwortet:
Wir sind aus dem Licht gekommen,
von dort, wo das Licht aus sich selbst heraus geboren ist.

Wenn sie fragen:
Wer seid ihr?
So antwortet:
Wir sind seine Söhne [und Töchter]
und die Auserkorenen des lebendigen Vaters.

Wenn sie euch fragen:
Welches ist das Zeichen eures Vaters,   das Zeichen
der in euch ist?   eures Vaters an euch?
So antwortet:
Es ist Bewegung und Ruhe.   Bewegung ist es und
                                         Unbeweglichkeit. (D)

Verwandte Texte: Joh 1,19ff; 8,13.19; Apg 4,7; Log 18

Drei Testfragen und unser Bekenntnis

Am Anfang der Kirche, im Morgenland,
konnten uns die Menschen noch mit solchem Erstaunen
fragen:
Wes Geistes Kinder seid ihr denn?
Aber am Ende der Kirche, im Abendland,
fragen sie uns nicht mehr mit solchem Interesse.
Sie kennen uns zur Genüge,
wir sind ihrem Zwielicht ähnlich geworden.

Wenn wir noch gefragt werden,
dann von den Dogmenwächtern,
die unserer Freiheit, unserem Licht, unserem göttlichen
Ursprung misstrauen.

Und du, Jesus, weil du noch so bist, wie du warst,
lässest uns in deinem Geiste schweigen und reden und
handeln,
und so sind wir in deinem und unserem Ursprung, im Vater
des Lichtes,
sind wir wie du »Licht vom Licht aus Gott geboren«.

Ob diese kühne Behauptung stimmt,
müssen zwei klare Kennzeichen bezeugen:
Bewegung und Ruhe.
Der Vater des Lichts ist immer in Bewegung,
und die Seinen sind Bewegte in einer Welt, in der alles im
Stockdunklen stockt.
Und unser Vater ist immer in Ruhe,
und auch die Seinen sind in der Ruhe
inmitten einer Welt, in der alles in Hektik stürzt.

Sind wir aber aufgeregt aktiv, wo wir still und ruhig sein
sollten,
und sind wir träge passiv, wo wir bewegt unterwegs sein
sollten,
dann sind wir nicht die vom Vater Gezeichneten.

51

Seine Jünger fragten ihn:
An welchem Tag
wird die Ruhe der Toten eintreten?
Und an welchem Tag
wird die neue Welt kommen?
Er antwortete ihnen:
Was ihr erwartet, ist gekommen,
aber ihr, ihr erkennt es nicht.

Verwandte Texte: Lk 17,20f; Log 3 u. 113

Aufhebung des Dualismus von Gestern und Morgen

Früher hab auch ich immer gefragt:
Wann? Wann endlich?
Da hast du durch den Propheten zu mir gesprochen:
»Hört, ihr Tauben, und schaut her, ihr Blinden!«
»Jetzt wächst es auf, erkennt ihr´s denn nicht?«[5]
Darum frage ich dich nicht mehr,
sondern sage selber zu mir:
Sieh hin, was ist jetzt! Schau her, was ist hier!
Wenn nicht jetzt, wann dann?
Wenn nicht hier, wo dann?

Deine Allpräsenz bringt alles in die Gegenwart.
Deine Vergangenheit ist nicht vergangen und deine Zukunft ist
nicht Zukunft.
Was steht denn noch aus, wenn mein Verstand
im großen Käfig von Raum und Zeit
der Erforschung müde geworden ist?

[5] Jes 42,18 u. 43,19

Dass sich meine Seele, die aus der ewigen Welt stammt,
über die hohen Gitterstäbe schwingt,
und die vernehmende Vernunft schaut auf
und versteht die jetzige Welt schon als neue, die Sünder als
geliebte Kinder,
die Behinderten als verwunschene Prinzen, die Toten als selige
Geister.
Da sage ich JA! zum Absterben meines verweslichen Lust- und
Schmerzkörpers
und damit ein JA! zum Absterben meines illusionären Ichs.
Denn entsprechend dem Maße dieses Absterbens
erfahre ich das Aufleben meines wahren Selbst
und das Aufleuchten einer anderen Art von Welt.

52
Seine Jünger sagten zu ihm:
Vierundzwanzig Propheten haben in Israel gesprochen
und alle haben durch dich gesprochen.
Er sagte ihnen:
Ihr habt den Lebendigen, der vor euch steht, verlassen
und über Tote gesprochen.
Verwandte Texte: Mt 5,17; Joh 5,39f

Das Leben spricht – die Propheten verstummen

Ich liebe die vier großen und die zwölf kleinen Propheten,
ich liebe die vier Evangelisten und die zwölf Paulusbriefe.
In allen Texten lese ich dich, den Einen, den Drei-Einen,
den Mensch gewordenen, in der Geschichte gekreuzigten und
auferstandenen Logos.
Aber wenn ich, statt Buchstaben zu lesen, das höre,
was du selber durch das Gelesene und ohne das Gelesene in
mir sprichst,
dann sind alle Texte nur noch Papier und alle Propheten nur
noch Tote,
über den garstigen Graben der Geschichte wehende historische
Gestalten.
Aber so zu hören, dass ich nicht nur auf sie und nicht nur auf
mich,
sondern gleichzeitig auf dich höre,
das geht nur mit deiner Leihgabe der Unterscheidung der
Geister
und nur so, dass ich dieser kritischen Gabe nicht kritisch
misstraue.
Und wo anders könnte ich dich, den Äußersten, als Innerstes
hören als in mir?

53

Seine Jünger fragten ihn:
Ist die Beschneidung nützlich oder nicht?
Er antwortete ihnen:
Wenn sie nützlich wäre,
würde der Vater sie beschnitten
in ihrer Mutter zeugen.
Aber die wahre Beschneidung, die des Geistes,
hat ihren vollen Nutzen gefunden.   hat vollen Gewinn
                                         erbracht. (N)

Verwandte Texte: Apg 15,1.11; Gal 5,2–6; 1 Kor 7,18f

Die Initiation des Lebens

So viel und so wenig verstehe ich:
Wir kommen nicht beschnitten auf die Welt,
wir kommen nicht getauft auf die Welt,
wir kommen als Wildlinge auf die Welt,
und das ist gut so. Sehr gut.

Aber unsere wilde Natur muss bald beschnitten werden,
denn unser Ich wuchert bald.

Das Leben selbst beschneidet uns – im Auftrag des Vaters.
Das Leben selbst führt uns in eine schmerzhafte und
glückselige Initiation,
wenn wir es nur zulassen.
Wenn wir es nicht zulassen,
werden unsere Schmerzen unnötig groß und unser Glück
zunichte.

Die bloßen Initiationsrituale der Priester sind ohne Nutzen.
Sie sind nicht die Initiation des Lebens, sie bezeichnen es bloß
im Symbol.
Aber ohne die Rituale der Priester
verstehen wir das Geheimnis von Tod und Auferstehung nicht.
Jesus, du bist kein Priester, du bist das Leben.

54
Jesus sprach:
Selig seid ihr, ihr Armen,
denn euch gehört das Himmelreich.

Verwandte Texte: Mt 5,3; Lk 6,20; Log 58; 68; 69

Wo ein Vakuum ist, strömt das Himmelreich ein

Gehöre ich zu den Armen?
Soweit ich ein Nichtwissender bin,
ein Bedürftiger, der dir nichts anbieten kann,
ein Sehnsüchtiger, der keine Egowünsche mehr hat,
ein Erfolgloser, dessen Methoden nicht halfen,
ein Machtloser, der keine Gewalt mehr ausübt,
einer, der alle Ansprüche verloren hat –
soweit bin ich ein Anwärter deines Reiches.
Wie viel innere Leere ich dir anbiete,
so viel Raum findet dein Himmel.

55

Jesus sprach:
Wer Vater und Mutter nicht verachtet,
kann nicht mein Jünger werden.
Und wer seine Geschwister nicht verachtet,
und sein Kreuz nicht so trägt, wie ich es trage,
wird meiner nicht würdig sein.

Verwandte Texte: Lk 14,26f; Mt 10,37f; Log 101

Durchkreuzung der horizontalen Liebe durch die vertikale Liebe

Danke, Jesus, du bist mein Befreier,
du befreist mich von der Übermacht meines Vaters und meiner
Mutter,
von der Macht, die mein Bruder, meine Schwester über mich
hatten,
von der Macht, mit der mich noch die Toten bestimmen,
solange ich mich nicht losgesagt und mich dir zugesagt habe.

Und darum wird ein Mensch auf Freiersfüßen
seinen Vater und seine Mutter verlassen
und an seinem Geliebten hängen und eins mit ihm werden.
Und so hängen wir uns in Liebe an dich,
wir Schüler an unseren Lehrer,
auf dass wir ein Leib und ein Geist mit dir werden,
nur an die Freiheit gebunden,
die Freiheit der gekreuzigten Liebe,
einer verbindlichen Liebe ohne jede Symbiose.

56
Jesus sprach:
Wer die Welt erkannt hat,
der hat einen Leichnam gefunden.
Und wer einen Leichnam gefunden hat,
dessen ist die Welt nicht würdig.

Verwandte Texte: Mt 8,22; Joh 16,8ff; Log 80

Welterfahren

Meister, deine Lehre von der Welt klingt für uns Schüler
wirklich krass.
So krass wie dein Wort:
Lasst die Toten ihre Leichen begraben, ihr sollt ins Reich des
Lebens einladen.
Und jetzt meinst du: Welterfahren ist der, der die Welt als
Leichnam sieht.
Ist sie denn nicht mehr die herrliche Schöpfung des Vaters?

Was ist die Welt? Die Welt, das ist die Menschheit im Kosmos,
und die Menschheit ist gleichsam ein globaler Mensch,
und jedes Individuum ist ein Glied, eine einzige Zelle am Leib
des Menschheitsmenschen.
Und du selbst bist durch deine Menschwerdung dieser
Gesamtmensch geworden
und als solcher gestorben und begraben
und mit dir die Welt,
und als solcher bist du vom Vater erweckt und verklärt zum
neuen kosmischen Menschen
und mit dir die Welt,
und wenn wir welterfahren und erleuchtet zugleich sind,
können wir die Welt als Leichnam und als verklärten Leib
erkennen,
und so ist es fortan eine weltferne Abstraktion,
die Welt ohne dich zu sehen und dich ohne die Welt.
Und so ist die Welt, die dich nicht gewürdigt hat,
deiner würdig geworden, und wir mit ihr.

57

Jesus sprach:

Das Königreich des Vaters gleicht einem Mann,
der guten Samen hatte.
Sein Feind kam in der Nacht
und säte Unkraut unter den guten Samen.
Der Mann ließ das Unkraut nicht ausreißen
und sagte:
Dass ihr nicht hingeht und das Unkraut ausreißt,
und dabei auch den Weizen vernichtet!
Am Tag der Ernte
wird sich das Unkraut schon zeigen
und man wird es ausreißen und verbrennen.

Verwandter Text: Mt 13,24ff

Nicht immer ist Entscheidungszeit

Wir sind ausgesät als eine gute Saat des Vaters des Lichtes.
Da ist nichts Ungutes in unserem Wesen.
Aber es kam eine Nacht, die Nacht des Vergessens.
Dies war die Zeit für den nächtens in den Menschen
eingeschlichenen Menschenfeind;
und als wir erwachten, fanden wir dazwischengesät eine
fremde Saat,
die Lolchsaat des giftigen Taumelkrautes,
und ein Ichichich fing an zu wuchern,
zum Verwechseln ähnlich mit unserem Ich.
Zum Verwechseln ähnlich wurden auch unsere Versuchung
und unsere Berufung.
Und wir gerieten in die Versuchung, uns gegenseitig zu sichten
und zu richten.

Aber nun schreitet deine Weisheit ein und ruft: Haltet ein!
»Habt Geduld! Lasst alles zu! Lasst das wahre und das falsche
Ich wachsen,
bis die süßen und die bitteren Früchte sichtbar werden und die
Zeit der Ernte kommt.
Da erwecke ich in euch die Gabe der Unterscheidung der
Geister
und jeder lernt sie gebrauchen in der Anwendung an sich
selbst
und schon ist sie da, die Zeit der Ernte.«

Und so erfuhren wir:
Es teilte sich unser Selbst ins Dreifache:
in das wache Selbst, das nur wahrnimmt, annimmt und
unterscheidet, was jeweils ist;
in das wahrgenommene falsche Selbst
und in das wahrgenommene wahre Selbst.

Und so entdeckten wir die Möglichkeit der Entscheidung
und wir schieden unsere Verfälschungen aus
und als Entschiedene konnte unser Selbst wieder eins mit sich
werden
und als Einsgewordene werden wir eins mit dir, dem Einen,
dem Wahren, dem Guten.

58

Jesus sprach:

Selig der Mensch, der gelitten hat: der sich geplagt hat: (B)
Er hat das Leben gefunden.

Verwandte Texte: Mt 5,4; Apg 14,22; Jak 1,12; 1 Petr 3,4

Einweihung in das Leid

Ich sehe und höre dich Leiderfahrenen,
wie du, höchste Weisheit auf dem Lehrstuhl des grünenden
Kreuzes,
deinen Mund auftust und sprichst:
»Ich beglückwünsche jeden Menschen,
der sein Leid, das unabänderliche, das notwendige Leid,
annimmt statt ablehnt,
trägt statt verdrängt,
durchsteht statt bejammert,
ernst nimmt statt verharmlost,
sich damit befreundet statt sich dagegen auflehnt,
gewaltlos erduldet statt durch Gegengewalt vergrößert.«

Dann frage ich dich:
Gilt das nur für das Verfolgungsleid, das Märtyrerleid?
Oder auch für das Missbrauchsleid, die Unrechtserfahrung,
für das spirituelle Leid und das Sehnsuchtsleid?
Gilt es auch für das Krankheitsleid, das Beziehungsleid,
das Verlustleid, das Schwermutsleid?

Und du sagst mir:
»Es gilt für jegliches Leid.
Selig, wer leidet, ohne beleidigt zu sein,
der krank wird, ohne gekränkt zu sein,
der verwundet wird, ohne verletzt zu sein.
Selig, wer leidet, ohne am Leid zu leiden,
und trauert in reiner Trauer, ohne sich mit Selbstmitleid zu
vergiften.«

Und ich frage dich:
Aber was ist mit dem empörendsten Leid aller Leiden,
dem Leid der unschuldigen Kindlein?
Und ich höre dich sagen durch den Mund deines Bruders
Roger Schutz von Taizé:
»Der Mensch ist geheiligt durch die in seiner Kindheit
unschuldig empfangenen Wunden.«

Und ich frage dich:
Warum ist Leid in der Welt?
Und du sagst mir:
»Wo eine Liebe ist, da ist auch ein Leid,
und wo eine Wahrheit ist, da ist auch eine Unterdrückung.«

Da frage ich dich:
Wann finden wir das leidlose Leben?
Und du sagst mir:
»Nicht erst nach dem Leid, sondern mitten im Tragen des
Leides kommt der Trost,
nicht nach der Folter, sondern mitten unter der Folter entsteht
die Verzeihung,
nicht nach dem Unglück, sondern mitten im Unglück
geschieht die schmerzhafte Seligkeit der Transformation des
Menschen.
Da keimen die unabhängige Freude und die bedingungslose
Liebe,
und dies ist das Leben, das überraschend gefunden wird
mitten im Leid.«

59

Jesus sprach:
Schaut auf den Lebendigen,
solange ihr lebt,
damit ihr nicht sterbt
und versucht, Ihn zu sehen
und Ihn nicht sehen könnt.

Verwandte Texte: Joh 11,25; 14,6; Lk 24,5; Log 52

Kontakt mit dem Leben

Ich verstehe:
Der heutige Tag ist mir gegeben,
damit ich mich von allem Totem abwende,
welches die Menschen so seltsam lieben.
Der hiesige Ort ist mir gegeben,
damit ich mir eine Vision des wirklich Lebendigen anschaue,
welche viele nur virtuell in der Television suchen.

Alles, was wahrhaft lebendig ist, bist du.
Und ohne dich, den Lebendigen,
wird knöchern meine Seele und starr mein Geist,
wird mir das Schöne langweilig, das Gute fade
und unverständlich das Wahre.
Doch im Hör- und Blick-Kontakt mit dir
fängt alles an zu fließen und zu schmecken.

Dein Weckruf ruft den bei lebendigem Leibe Abgestorbenen
zu:
Wacht auf, seht her, schaut hin! Noch ist es nicht zu spät, doch
es ist spät!
Schaut, wie der tödliche Pilatus vor der Wahrheit in Person nur
die Schulter zuckt!
So sind wir immer in der Gefahr,
zurückzusinken in unsere bleichen, kalten Kissen.
Im Leibe und im Leben und inmitten dieser Welt
willst du erkannt sein, du, der Lebendige!
Durch dich wird uns das Leben erst zum wirklichen Leben.

60

[Sie sahen] einen Samariter,   [Jesus sah] (D)
der ein Lamm tragend
nach Judäa ging.
Er fragte seine Jünger:
Was wird er mit dem Lamm machen?
Sie antworteten:
Es töten und essen.
Er sagte zu ihnen:
Solange es lebt,
wird er es nicht essen,
erst wenn er es tötet
und es ein Leichnam ist.
Sie sagten:
Anders wird er es nicht machen können.
Er sagte zu ihnen:
Ihr selbst, sucht euch einen Ort
der inneren Ruhe,   Sucht also ihr selbst einen Ort
                   für euch zur Ruhe, (D)

damit ihr nicht zu Leichen werdet [von den Mächten der
und man euch isst.   Welt] getötet und gegessen werdet. (B)

Verwandte Texte: Joh 1,29; 2,13ff

91

Lamm Gottes – nicht Lamm der Menschen

Warum hat dich das Schicksal des Lammes
auf den Schultern des opferträchtigen Menschen so
beschäftigt?
Hast du schon deine Berufung zum Lamm Gottes geahnt?
Ich höre aus deinen Fragen heraus:
Du willst nicht, dass wir sinnlos opfern noch uns sinnlos
opfern lassen.
Du willst nicht, dass wir uns kaufen lassen, ausnützen lassen,
ausschlachten lassen, fressen lassen
von den kannibalischen Mächten der Welt,
den Großmächten Idealismus oder Materialismus,
Perfektionismus und Fundamentalismus,
Nationalismus oder Ökonomismus,
von der Allmachtsfantasie und Überverantwortlichkeit des
illusionären Ichs.

Ich freue mich über deine Weisung:
Bergt euch in eine Verfassung der Ruhe,
bleibt verwurzelt im Reich der Stille,
übt euch in der Haltung der liebenden Aufmerksamkeit,
nehmt Wohnung in der Herzenseinfalt,
wo Friede ist, wo die Liebe wohnt,
die Liebe ohne Objekte.

61

Jesus sprach:
Zwei ruhen auf einem Bett,
der eine wird leben, der andere wird sterben.

Salome sagte:
Wer bist du, Mann?
Hast du, der du aus dem Einen hervorgegangen bist,
nicht mein Bett benutzt
und von meinem Tisch gegessen?

Jesus sagte zu ihr:
Ich bin der, der
hervorgegangen ist   der aus dem mir Gleichen ist. (D)
aus dem, der gleich ist.   der (sich immer) gleich ist. (B)
Mir wurde gegeben, was von meinem Vater kommt.
Salome sprach: Ich bin deine Jüngerin.
Jesus sagte: Deshalb sage ich dir:
Wenn der Jünger leer ist,   wenn einer gleich ist, (N)
wird er voller Licht sein,
aber wenn er geteilt ist,
wird er voller Finsternis sein.

Verwandte Texte: Lk 17,34; Mt 11,27; Log 24

Der wahre Gleichmacher

Jesus, kühner Meister, frei von alten Sitten,
du hast auf der Liege deiner kühnen Schülerin Platz
genommen,
du hast mit ihr an ihrem Tisch gesessen und gegessen.
Du hast dich ihr gleichgemacht,
du, der du wesensgleich bist mit dem Einen und Ewigen
– gepriesen sei ER –,
und so hast du auch Salome wesensgleich gemacht
mit dem Einen und Ewigen.
Bei dir ist die Frau nicht ein Mensch zweiter Klasse,
bei dir ist keine Seele minderwertig.
Alle Seelen auf Erden sind gleich mit der Urseele des
Urmenschen,
mit dem männlich-weiblichen Ebenbild der ungeteilten
Gottheit.
Du selbst bist der Urmensch, der Gottmensch.

Alle Menschen sind gleich im Wesen, nicht gleich aber in der
Existenz.
Es gibt eine Scheidung derer, die auf der gleichen Liege des
Seins ruhen.
Ich muss mich fragen: Schlafe ich noch in der Sünde der
Gespaltenheit?
Oder ruhe ich schon in der Gnade des Geeintseins?

Jesus, herrlicher Gleichmacher, Revolutionär der Liebe,
du erledigst den Tod, den schrecklichen Gleichmacher, den
Revolutionär der Gewalt.
Meine Seele heißt Salome.
Sie ruht in dir und du teilst mit ihr deinen Leib im heiligen
Mahl,
dem Sakrament der Einung.

62

Jesus sprach:

Ich sage meine Geheimnisse

denen, die meiner Geheimnisse würdig sind.

Was immer deine Rechte tun wird,

deine Linke soll nicht wissen, was sie tut.

Verwandte Texte: Mk 4,11; Mt 6,3ff

Die geheime Menschenwürde

Jesus, du bist kein Geheimniskrämer,
du bist der Offenbarer des Dunklen.
Du sprichst meine unbewusste Spaltung an.
Was ich Rechtes mit der Rechten tue,
das wird von meiner Linken Seite rasch gelinkt
mit Lob und Tadel, falschem Stolz und falscher Bescheidenheit.
Als so gespaltene Person falle ich aus dem Geheimnis des
Seins,
aus deiner tief versöhnten Einheit,
bis ich mich zurücksehnen lasse in mein und dein Geheimnis,
in die von dir gewirkten Einheit
mit mir selbst
und mit dir selbst.
Die ewigen Haarspalter aber kennen kein Geheimnis,
am wenigsten das Einungsgeheimnis der Liebe.

63

Jesus sprach:
Es war ein reicher Mensch,
der ein großes Vermögen besaß.
Er sagte:
Ich werde mein Vermögen dazu benutzen
zu säen, zu erben, zu pflanzen
und meine Speicher mit Getreide zu füllen,
damit es mir an nichts fehle.
So dachte er in seinem Herzen
und in derselben Nacht starb er.
Wer Ohren hat, der höre!

Verwandte Texte: Lk 12,16ff; Log 36

Lebensweisheit ist Todesweisheit

Wo fängt der verhängnisvolle Fehler an?
Es war ein reicher Mensch. –
Ich bin so ein reicher Mensch.
Der besaß ein großes Vermögen. –
Ich bin einer, der viel vermag!
Er sagte: Ich werde säen, ernten, pflanzen. –
Das tu auch ich mit meinem Geld und Geist!
Ich werde meine Speicher füllen. –
Mein Gehirn- und mein Computerspeicher füllen sich ständig.
So wird es mir an nichts fehlen. –
Hier fängt der Denkfehler an, auch der meine.
So dachte er in seinem Herzen. –
Auch mein Herz denkt unwillkürlich so.

Aber meine inneren Ohren hören etwas anderes.
Ich höre: Du lebst nicht von dem, was du hast.
Du bist nicht wirklich versichert von deinen Versicherungen.
Du lebst von dem, was du bist in deinem Sein.
Wer von Illusionen lebt, lebt nur zum Schein.

Ich lebe nur von der Hand in den Mund,
vom Mund Gottes in mein Ohr,
von Atemzug zu Atemzug, jeder Zug ein Stirb und Werde.
Ich lebe Tag für Tag von Gnadenbrot zu Gnadenbrot.
Ich vermag mit meinem ganzen materiellen und geistigen
Vermögen
nichts Bleibendes zu schaffen, ich bin Staub.
Wenn ich heute Nacht sterbe, so hoffe ich,
ich Habenichts gehe ganz in mein wahres Sein zurück,
in das Sein des Vaters, von dem ich alles, was ich bin, habe.

64

Jesus sprach:

Ein Mann hatte Gäste, und als er das Mahl angerichtet hatte,

sandte er seinen Diener aus, um die Gäste einzuladen.

Dieser ging zum ersten und sagte: Mein Herr lädt dich ein.

Der Mann antwortete: Kaufleute schulden mir Geld.

Heute Abend kommen sie zu mir

und ich werde ihnen Anweisungen erteilen.

Ich entschuldige mich für das Mahl.

Der Diener ging zu einem anderen und sagte:

Mein Herr lädt dich ein. Dieser sagte zu ihm:

Ich habe ein Haus gekauft und brauche einen Tag.

Ich habe keine Zeit.

Der Diener kam zu einem Dritten und sagte:

Mein Herr lädt dich ein. Der Mann sagte zu ihm:

Mein Freund hat Hochzeit und ich werde das Mahl zubereiten.

Ich werde nicht kommen können. Ich entschuldige mich für das Mahl.

Der Diener ging zu einem anderen und sagte zu ihm:

Mein Herr lädt dich ein. Der sagte zu ihm:

Ich habe einen Hof gekauft und muss die Pacht einfordern.

Ich werde nicht kommen können. Ich entschuldige mich.

Der Diener kehrte zurück und sagte zu seinem Herrn:

Die, die du eingeladen hast, lassen sich entschuldigen.

Der Herr sagte zu seinem Diener:

Geh hinaus auf die Straße

und bringe die mit, die du finden wirst, damit sie hier essen.

Die Käufer und die Händler

werden die Orte meines Vaters nicht betreten.

Verwandte Texte: Mt 22,1ff; Lk 14,15ff

Zwei unvereinbare Welten

Alle sind geschäftig mit Geldgeschäften beschäftigt
und der Hochzeitsausrichter hat sein eigenes kostspieliges
Festmahl.
Der Markt der Welt ist ein unentwegtes Einkaufen und
Verkaufen,
ein Investieren und Spekulieren und Abkassieren,
ein Ausrechnen und Nachrechnen und Umrechnen,
und wie oft ein Betrogensein und ein Betrügen!
Alles, was sich nicht rechnet, wird vernachlässigt,
zuletzt auch das Reich der Wahrheit und der Liebe.
Der Geldschein fasziniert, denn er scheint Geltung zu stiften.
Besitz scheint Sicherheit zu stiften, aber er stiftet Besessenheit.
Diese Welt ist eine tödliche Weltreligion. Ihre Werber dringen
in jedes Haus.
Du, Jesus, Diener Gottes, gehst durch diese Welt von Haus zu
Haus.
Du lädst die Seelen zum Vaterhaus ein, zum Fest einer
Ökonomie des Lebens.
Aber die Krämerseele ist uninteressiert. Erst wenn sie ihren
wahren Durst spürt,
findet sie den Weg zur Quelle des Lebens.
Dort wird umsonst genossen, was sich nicht kaufen lässt.

65

Jesus sprach:

Ein reicher Mann hatte einen Weinberg. <small>Ein gütiger Mensch</small>
Er gab ihn Pächtern, damit sie ihn bearbeiteten <small>(N und B)</small>
und er aus ihren Händen die Ernte erhielte.
Er schickte einen Diener,
um von den Pächtern die Frucht des Weinbergs zu
erhalten.
Sie fielen über den Diener her,
schlugen ihn
und hätten ihn beinah getötet.
Der Diener ging hin
und sagte es seinem Herrn.
Sein Herr sagte:
Vielleicht haben sie ihn nicht erkannt,
und sandte einen anderen Diener.
Den schlugen die Pächter auch.
Da sandte der Herr seinen Sohn
und sagte:
Vielleicht werden sie vor ihm, meinem Sohn, Achtung
haben.
Da die Pächter wussten, dass er der Herr des Weinbergs
war,
ergriffen sie ihn und brachten ihn um.
Wer Ohren hat, der höre!

Verwandter Text: Mk 12,1ff

Das Schicksal der Wahrheit

Ich höre:
Pächter sein ist ein Privileg und schnell ein Sakrileg.
Ein Amt und eine Ehre gepachtet haben,
eine Pfründe in Beschlag genommen haben,
die Wahrheit für sich gepachtet haben,
sich zum Herrn über die Gemeinde Gottes aufschwingen,
das Mühlrad der Eigengesetzlichkeit betreiben,
sich zum Großinquisitor berufen fühlen,
dich, den Herrn aller Herren, nicht zu Worte kommen lassen,
die Stimme des wahren Rechts mundtot machen,
Ohren haben und das innere Gehör verlieren –
furchtbar naheliegende Möglichkeiten des religiösen
Menschen
im Weinberg des Herrn.
Jesus, deine Geschichte macht mich hellwach und nüchtern.

66

Jesus sprach:
Zeigt mir den Stein,
den die Bauleute verworfen haben:
Er ist es: der Eckstein.   Er ist der Eckstein. (D und B)
Verwandte Texte: Mk 12,10ff; Apg 4,11

Neubau des Lebensgrundes

Jesus, ich höre dich sagen:
Zeigt mir eure Niederlagen: In ihnen liegt eure Zukunft.
Zeigt mir eure Schmach unter den Menschen: Sie ist eure Ehre
im Himmel.
Zeigt mir eure Schuld: Sie hat euren Heiland hervorgerufen.
Zeigt mir euer Leid: Hier liegt die Quelle eurer Erkenntnis.
Zeigt mir euren Misserfolg: Er führt euch zu wahrer
Bedeutung.
Zeigt mir eure Torheit: Es steckt die göttliche Weisheit dahinter.
Zeigt mir eure Wunden: Es sind die Zeichen der Erwählung.
Denn so seid ihr behauen worden als Steine
zum Bau des Liebestempels, dessen Grundstein ich bin.
Zeigt mir den Stein und ihr seht den Sohn.[6]

[6] Hebräisches Wortspiel: *eben* (Stein) und *ben* (Sohn)

67

Jesus sprach:

Wer das All erkennt,	Würde einer das All erkennen,
aber seiner selbst	
beraubt wird,	dabei aber sich selbst nicht erkennen, (D)
der wird des Alls beraubt.	der hat alles verfehlt. (B)

Verwandte Texte: Mk 8,36; 1 Tim 6,20

Gnosis als Erkenntniskritik

Vor dem Schleier deines Angesichts erkenne ich:
Ich kann das Letzte des Universums nicht erforschen.
Nur das Vorletzte –
wissenschaftlich mit dem Verstand,
philosophisch mit der Vernunft,
poetisch-musikalisch mit dem Geist,
mythologisch mit dem Herzen.

Wenn ich aber mich, den Erforscher,
nicht erforsche und einbeziehe in meine Forschung,
wird alles falsch erforscht.
Denn wie kann das Teilchen das Ganze begreifen?
Und wenn ich mich als Teilchen eines Ganzen erahne,
weicht der Hochmut des falschen Wissensstolzes,
weicht die falsche Demut der unendlichen Resignation.
Und in dem Maße dieses Weichens
weiß ich mich geliebt,
und im Maße dieses Wissens
liebe ich zurück durch den Schleier aller Spiegel,
und ich erblicke in jedem Teil des Vorletzten
dich, das Angesicht des letzten Alls.

68

Jesus sprach:
Seid glücklich,
wenn man euch hasst,
wenn man euch verfolgt,
und an der Stelle, wo sie euch   [in eurem Herzen] (D),
verfolgt haben,   [in dieser Welt] (B),
werden sie keinen Platz finden.   [in Israel] (N)

Verwandte Texte: Mt 5,11f; 1 Petr 4,14

Glücklich im Unglück

Jesus, was meinst du mit dem Ort, wo man uns verfolgt?

»Das heilige Land;
die dort jetzt herrschen, haben dort keine Zukunft.
Den heiligen Frieden;
die ihn suchen und stiften, werden verfolgt werden,
und die Verfolger werden immer friedlos sein.
Das heilige Herz;
wo sie euch innerlich treffen und kränken wollen,
werden sie nie hinrühren können.«

Aber, Jesus, warum sollen wir glücklich sein, wenn man uns
hasst?

»Weil ihr damit die Bestätigung habt, dass ihr auf der richtigen
Seite lebt;
weil ihr gewürdigt seid, mein Leiden mitzuleiden;
weil es eurem wahren Selbst guttut, wenn es dem eitlen Ich
schlecht geht.

O Jesus, wir sind solchen Glückes noch ungewohnt.
Gib uns deinen Geist, den Tröster, der im Unglück glücklich
macht!

69 A
Jesus sprach:
Selig sind die,
die in ihrem Herzen verfolgt wurden.
Sie sind es, in Wahrheit,
die den Vater gekannt haben.

Verwandter Text: Mt 5,3 u. 10

Angefochten im Herzen

Jesus, was meinst du mit dem Verfolgtwerden im Herzen?

»Die innere Anfechtung
durch die falschen Geister der Angst und des Stolzes, der Sorge
und der Sucht.
Wer so unter Lug und Trug, Weh und Wahn gelitten hat,
der ist bewährt und berufen, zu erkennen und zu erfahren
die Wahrheit und Wirklichkeit des Vaters allen Seins.«

69 B
Selig die Hungrigen,
denn man wird den Magen dessen
füllen, der es will.   der es wünscht. (N)

Verwandte Texte: Lk 6,21; Log 58

Angefochten im Bauch

Jesus, du sprichst vom Bauch der Hungrigen.
Wann und wie wird er gefüllt?

»Wenn der Vater den Umsturz auf Erden gebracht hat
für die, die jetzt ihren Hunger nicht stillen durch Raub und
Gewalt,
sondern durch die Gemeinschaft derer,
die Hunger und Hoffnung miteinander teilen.«

70
Jesus sprach:
Wenn ihr das, was ihr habt, in euch hervorbringt,
wird es euch retten.
Wenn ihr das nicht in euch habt,
wird das, was ihr nicht in euch habt, euch töten.

Verwandte Texte: Mk 4,25; Log 41

Wenn du das nicht hast, dieses Stirb und Werde ...

Was haben wir denn in uns?
»Eine Erbschaft des Vaters.«
Das wussten wir nicht.
»Ich sage es euch jetzt.«
Worin besteht sie?
»Im Vermögen eines gärenden Sauerteiges.«
Was sollen wir damit tun?
»Lebensbrot backen für euch und eure Habenichtse.«
Und wenn wir das nicht schaffen?
»Dann werdet ihr an eurem ungenutzten Vermögen eingehen,
erst spirituell, dann geistig, dann seelisch, dann körperlich.«
Und wie bekommen wir Zugang zu unserem innersten
    Vermögen?
»Indem ihr euch abkehrt von eurem äußerlichen Vermögen,
indem ihr absterbt eurer oberflächlichen Sehnsucht,
indem ihr umkehrt von der Einbildung zum wahren Wissen,
von den Illusionen zu der euch vererbten Gotteskindschaft.«

Da möchte ich sagen: Das ist ja ein Zirkelschluss.
Da sagst du: »Sei ein Zirkelschluss, dann bist du drin, denn du
    bist einer!«

Ich verstehe: Verwirkliche, gebäre, was in dir ist,
es wird dich selber neu gebären und allmählich entfalten.
Wähnst du aber, nichts in dir zum Gebären zu finden,
dann wird dich dieses gefühlte Nichts allmählich vernichten.

71
Jesus sprach:
Ich werde dieses Haus zerstören,
und niemand wird es wieder aufbauen können.

Verwandte Texte: Mk 14,58; Apg 6,14; Joh 2,19

Revolution, nicht Restauration

Es scheint aber, Jesus,
wir können alles wieder aufbauen:
den Tempel auf dem Zionsberg, die Frauenkirche in Dresden,
die babylonischen Zwillingstürme in New York.
»Und es bleibt doch alles aufgetürmter Staub.«

Mit Furcht und Zittern danke ich dir, Jesus,
wenn du für immer meinen scheinheiligen Tempel zerstörst,
samt allen meinen kleinen Opfern, die dein Vater nicht verlangt
hat.
Zerstöre mein pharisäisches Lehrhaus,
meinen eingebildeten Wissensturm,
mein eitles Gedankenmuseum,
allen modischen Kult, den ich mitmache,
die Suchtgestalt des Haushalts meines Körpers.
Und nach drei Tagen schenke mir Anteil
an der Auferstehung des Tempels deines Leibes.

72

Jemand sagt zu ihm:
Sprich mit meinen Brüdern,
damit sie die Sachen meines Vaters mit mir teilen.
Er antwortete ihm:
Mensch, wer hat mich zum Teiler gemacht?
Er wandte sich seinen Jüngern zu
und sagte zu ihnen:
Bin ich etwa ein Teiler?
Verwandter Text: Lk 12,13ff

Das Teil und das Heil

Nein, du bist kein Teiler, du bist ein Heiler.
Aber doch war das eben eine Abfuhr, ein Schock für den Bittsteller,
ein Affront gegen die Gerechtigkeit.

»Wisst ihr nicht, dass ich sein muss in den Sachen meines Vaters?«[7]

Ja, so hast du schon als Zwölfjähriger zu deinen Eltern gesprochen.

»In den Sachen eures himmlischen Vaters seid ihr universell und ganz.
In den Sachen eures irdischen Vaters seid ihr privat und zerteilt.«

Ja, Herr.

[7] Lk 2,49

»Und habt ihr nicht bei meinem Brotbrechen für die
Fünftausend gelernt:
Anteilgeben an dem Teil, der euch zuteil geworden ist,
das macht alle satt und ganz?«

Ja, Herr. Jetzt sind wir froh, dass du kein Teiler bist, sondern ein
Vereiner,
kein Wegnehmer, sondern ein Vermehrer,
einer, der alles als Einheit sieht, was wir zerteilt haben:
Mann und Frau, Reich und Arm, Nord und Süd, West und Ost,
Religion und Religion, Nation und Nation, Konfession und
Konfession,
Partei und Partei, Freund und Feind.
Du lässt dich nicht auf eine Seite ziehen,
du ergreifst ständig aufs Neue Partei, mal für mich, mal gegen
mich,
immer für die jeweils Unterlegenen.
In deiner Liebe erteilst du unserem Ego Abfuhren,
damit wir uns zur Ganzheit entfalten jenseits von Sympathien
und Antipathien
und wir unser ursprüngliches Selbst gewinnen,
das Erbe deines und unseres himmlischen Vaters.

73

Jesus sprach:
Es ist wahr, dass die Ernte groß ist,
aber die Arbeiter sind knapp.
Bittet also den Herrn,
dass er Arbeiter zur Ernte schicke.

Verwandter Text: Mt 9,37f

Probleme einer Endzeit

Es ist wahr, es ist Zeit,
ich bin reif und alt geworden,
aber ich stehe da wie bestellt und nicht abgeholt.
Sende nun deine Sichel, bitte ich dich.
Mach meine Jetztzeit zu meiner Endzeit, zu meiner Erntezeit!

Und es ist erst recht wahr,
es ist eine Endzeit in der alten Welt,
sie ist reif geworden unter allen Wettern.
Vieles und Großes hast du in die Menschheit gelegt
und ihr Geist hat sich entfaltet.
Aber es verkommt unter einem ungeschlachten Geschlecht,
wenn jetzt nicht sofort geerntet, gebündelt, gedroschen und
gemahlen wird,
wenn nicht sofort das Brot für die kommende Notzeit
gebacken wird.

Schon hast du Arbeiter gesandt,
und die uralte spirituelle Saat der Weisen aller Kulturen,
der Meister und Mystiker, Poetinnen und Prophetinnen,

111

ist aufgegangen und reif geworden, ja zur Notreife gediehen.
Wir brauchen Lehrer, Eltern, Geistliche, Begleiter;
wir brauchen Zentren, Verlage, Kommunitäten, Sammelorte,
wo einstudiert und eingeübt wird, nicht was einer für einen
Geschmack hat,
sondern was das Volk braucht und versteht
und was die politischen Programme inspiriert
zur Genesung der Völker.

Wir bitten dich, Vater (denn nur durch Beten werden die
Betenden zu Tätern):
Sende und sende nochmals und sende mehr!
Und wenn ich so bitte, spüre ich in mir die Bereitschaft,
mich in meinen späten Jahren noch einmal senden zu lassen.

74

Er sagte:

Viele stehen um den Brunnen herum,   Herr, viele drängen
aber es ist niemand im Brunnen.   sich um den Brunnen,
aber niemand ist noch an den
Brunnen herangetreten. (D)

Verwandte Texte: Mt 22,14; Joh 4,14; 7,38

Vor Gott – in Gott

Deine Klage an Gott
ist eine Frage an mich:
Gehöre auch ich zu den vielen, die um dich herumstehen,
statt zu denen, die in dich einsteigen?

Einst machte ich es wie die vielen:
Ich stellte den Eimer meiner Seele unter den tropfenden Hahn,
durch den das Lebenswasser aus Fernleitungen kommt,
durch viele Bücher und Weisheitslehrer,
durch lange Predigten und heilige Sakramente.
Und das war gut so.
Aber eines Tages stellte ich den Eimer meiner Seele in die
Quelle selbst,
so dass er ständig überquillt
und seine Wasser sich ins Feld verteilen, ich weiß nicht wie.[8]

---

[8] Nach Teresa von Avila

113

Ich weiß nicht, ob ich schon wirklich in den Ursprung
gesprungen bin.
Vielleicht darf ich sagen: Ich ahne den Ursprung, dem ich
entspringe.
Zwar hat man mich in den Taufbrunnen geworfen,
aber ich bin noch nicht am seinem Grunde angekommen.
Ich vermute, erst der biologische Tod wird meinen Tauftod
vollenden
und mich in die Tiefe werfen, wo die Paradiesesströme
entspringen.

Einstweilen bitte ich dich, Herr,
gib mir Zugang zu meiner heilvollen Tiefe,
zuvor aber zu Mut meiner heillosen Untiefe,
Kraft zum Loslassen meiner Oberfläche,
Bereitschaft zum Eintauchen in dich selbst,
so dass ich nicht mehr vor dir stehen bleibe, sondern in dir bin
und bleibe.

75
Jesus sprach:
Viele stehen vor der Tür,
aber es sind die Einsgewordenen, nur die Einsamen, (D)
die ins Brautgemach eintreten werden. nur Vereinzelte, (B)
Verwandte Texte: Mt 25,1ff; Eph 5,31f; Log 104

Brautgemach der Vereinigung

Ein halbes Leben lang stand ich mit vielen anderen
vor der geheimnisvollen Tür und dachte:
Mehr als Davorstehen gibt es in diesem Leben nicht.
Aber dann lernte ich viele Einzelne kennen, die kamen einzeln
von drinnen.
Da überkam mich das Verlangen, ihnen gleich zu werden.
Und schon das Verlangen war wie ein Eintreten.
Ich ahnte, was es ist, ein Einzelner zu sein,
ein Mit-sich-eins-Gewordener, ein Einsamer,
ein Los-und-ledig-Gewordener,
ein Mönch ohne Kloster und ein Vermählter ohne Ehe.
Der Prozess dieses Werdens, dieser Vorgang –
ist schon die Hochzeit.

Und wo anders könnte sie stattfinden als in der Seele selbst,
nicht im Außen, dort und dann, sondern im Innen, je und je.
Der Ort ist die dunkle Kammer, die so klein ist wie das Herz in
der Brust
und so weit, wie der Himmel des Universums.

Das Allerinnerste ist zugleich das Alleräußerste.
Und der in die Kammer geht, der muss auch je und je aus der
Kammer hinaus,
zurück in die entzweite, unversöhnte Welt,
die du, Jesus, sosehr geliebt und ganz angenommen hast.
Der Geeinte muss zurück in die blutige Welt der Täter und
Opfer,
in die immer selben Konflikte vermeintlicher Gegensätze,
zwischen die Spaltungen der sowieso illusionären
Vorstellungen,
zwischen die Konkurrenz der wahnhaften Wahrheiten,
zu den dogmatischen Einheitsmystikern, die oft doch nur
Egozentriker sind,
zu den Weltbildern der Monisten, die keine Monasten sind und
verkünden:
»Die Welle ist das Meer.« »Gott ist nichts anderes als die
Evolution.«
»Liebe zu Gott ist nur eine kindliche Vorstufe der
überpersönlichen All-Einheit.«
Es geht doch nicht um zeitlose Einheit, sondern um immer
neue Vereinigung.

O Jesus, meine Seele kommt nie darüber hinaus,
dich von Herzen zu lieben,
nachdem du sie sosehr aus deinem göttlichen Herzen geliebt
hast.
Ich bin sicher, Gott und die Seele sind nicht eins, sondern zwei,
aber in der Herzkammer sprechen beide ineinander aus einem
Munde:
»Ich liebe dich. Ich danke dir. Ich glaube an dich. Ich vertraue
dir.
Ich bewundere dich. Du bist schön.
Dein Wille geschehe. Ich will für dich sterben.«
Das alles sagst du zu mir und zugleich ich zu dir.
Und dann kommt die Stille hinter der Stille hervor, das
Schweigen im Schweigen,
und es ist nur ein Auge, ein Herz, ein Feuer, ein Lieben.

76

Jesus sprach:

Das Reich des Vaters gleicht einem Kaufmann,
der gerade eine Ladung Waren hatte,
als er eine Perle fand.
Der Kaufmann war klug,
er verkaufte die Waren
und kaufte die einzigartige Perle.
Sucht auch ihr euch den Schatz,
der nicht vergeht und der dort liegt,
wo die Motten ihn nicht zerfressen
und der Wurm ihn nicht vernichten kann.

Verwandter Text: Mt 13,45f; 6,19f

Gegenseitiges Suchen und Finden

Jesus, meinst du mit dem Kaufmann das Reich deines Vaters?
Dann ist die eine Perle, für die dein Vater alles drangibt,
meine Seele, die eine Seele der Menschheit.
Dann müsste ich maßlos staunen
und könnte den Wert meiner sterblichen Seele erkennen
an dem ewigen Wert deiner Seele und deines Leibes.

Meinst du aber mit dem Kaufmann den wachen, klugen
Menschen,
dann ist die eine kostbare Perle das Reich deines Vaters.
Dann müsste meine Seele alles drangeben,
um dem Reich deines Vaters anzugehören
und für immer in seinen Besitz überzugehen.

Am Ende meinst du vielleicht beides, und so wird es wohl sein:
Der Kenner findet die Perle, die Perle findet ihren Liebhaber,
die Hingabe findet die Hingabe, es ist ein einziges Finden und
Lieben.

77

Jesus sprach:

Ich bin das Licht,

das über ihnen allen ist.

Ich bin das All.

Das All ist aus mir hervorgegangen

und das All ist zu mir zurückgelangt.

Spaltet das Holz – und ich bin da.

Hebt den Stein hoch:

Dort werdet ihr mich finden.

in mir hat die
himmlische Welt
ihr Ziel erreicht. (B)

Verwandte Texte: Joh 8,12; 1 Kor 8,6; Kol 1,16; Weisheit 7,22ff

Du bist das Über-All, das überall zu finden ist

Das sagst du sicher denen, die meinen,
du seiest nur kultisch präsent in heiligen Schriften und
Sakramenten,
deine Allpräsenz aber sei uns unzugänglich.
Wer beim Hausbau Feldsteine aufhebt oder Baumstämme
spaltet,
kann entdecken: Du bist es, der das Haus baut,
ja mehr, du bist die Essenz des Baumaterials, du bist der Segen
des Hauses.

Wer in der Heilkunst Träume deutet,
könnte in der Bedeutung der psychologischen Deutung finden:
dich, den Logos der Psyche.
Wer vor dem Bettler in die Hocke geht und mit ihm spricht,
könnte in den Augen des Bettlers sehen:
dich, den Messias der Armen vor den Toren Jerusalems.
Wer mit dem Kind auf der Straße spielt,
könnte im Kind begegnen:
dir, dem göttlichen Kind in mir.
Wer seiner Sünde sich stellt,
könnte im Grund seiner Sünde finden:
dich, den Freund und Heiland der Sünder.
Wer die Werke der Künstler betrachtet und sammelt,
könnte hinter aller geformten oder verformten Sehnsucht
sehen:
dich, den Abglanz der Schönheit.
Und wer zu verantworten wagt, im Reaktor Atome zu spalten,
könnte in der Spaltung schauen:
dich, den segnenden oder vernichtenden Schöpfer.

Du bist das unsichtbare Licht des Lichts,
du bist das All in jedem Stück,
du bist das Über-All, für den Verstand ein Nichts,
für meine Seele: Alles – jeden Augenblick.

78

Jesus sprach:

Warum seid ihr auf die Felder   aufs öde Feld
hinausgegangen?
Um ein Schilfrohr zu sehen, das vom Wind bewegt wird,
und um einen Menschen zu sehen,
der edle Kleider trägt?   weiche Kleider (D)
Dort sind eure Könige und die Großen der Erde,
sie tragen edle Kleider
und sie werden die Wahrheit nicht erkennen können.

Verwandte Texte: Mt 11,7f

Setz den Hebel innen an!

Letztlich bringt es nichts,
hinauszugehen auf die Straße
und die Lösung unserer Probleme draußen
auf dem Feld der Welt zu suchen.
Draußen rauscht der Wind der Geschichte
durchs hohle Schilfrohr der Menschheit.
Draußen stellen sich die Modekönige
und die großen Stars der Welt zur Schau
in ihrer glänzenden Wichtignichtigkeit.
Draußen verheißen sie uns die weiche Wohlfühlwelt
und wir gaffen ihnen nach,
sonnen uns in ihrer Gunst,
glauben an ihre virtuellen Heldentaten –
und verlieren dabei uns selbst im Draußen,
wo doch alle Wirklichkeit und Wahrheit
nur drinnen zu finden sind.
Du selber, Christus, bist nicht draußen zu finden
in den Domen und Dogmen,
in uns selbst bist du zu Hause
wie ein Kind, das im Mutterleib heranwächst
und zur rechten Zeit zur Welt kommt.
Drinnen, wo denn sonst, bist Du.
Von ganz innen, von jenseits der Welt,
kommst du ins Diesseits und nimmst mich mit
bis zum Äußersten.

79
Eine Frau aus der Menge sagte zu ihm:
Selig der Leib, der dich getragen hat
und die Brüste, die dich gestillt haben!
Er antwortete ihr:
Selig, die das Wort des Vaters gehört
und es in Wahrheit bewahrt haben!
Denn es werden Tage kommen, da ihr sagen werdet:
Selig der Schoß, der nicht empfangen hat
und die Brüste, die keine Milch gegeben haben.

Verwandte Texte: Lk 11,27f; 23,28f; Log 1

Fruchtbar im Geist

Auch ich, ein Mensch in der Menge,
ahne, was du uns sagen willst:
Es gibt in unserer Erdzeit
eine Glückseligkeit des Leibes,
der ein Kind empfangen und getragen,
geboren und genährt hat.

Und es gibt in den Wehen unserer Endzeit
eine Glückseligkeit des Leibes,
der mit der Mühseligkeit und Schmerzlichkeit
des Empfangens und Gebärens und Ernährens
nicht geplagt ist, sondern frei ist für die zweite Glückseligkeit.

Denn es gibt in den Geburtswehen unserer Pfingstzeit
bei Frauen wie bei Männern
eine Glückseligkeit des Geistleibes,
der das göttliche Wort des Vaters
empfängt und bewahrt
und zur rechten Zeit das Wort und sich selber zur Welt bringt.

Denn das ist unsere Glückseligkeit als Frau oder Mann:
Wenn die Mutter Erde, die brüstereiche Urmutter, mit ihren
Kindern vergeht,
bleibst du, der unvergängliche Logos, die ewige Geistin,[9]
und bewahrst uns und gebierst uns für eine neue Erde.
Ja, glückselig alle, die im göttlichen Geist fruchtbar sind.

[9] *ruach* (= Geist) ist im Hebräischen weiblich

80
Jesus sprach:
Wer die Welt erkannt hat,   Wer die Welt durchschaut hat, (D)
hat den Körper gefunden,   hat nur herausgefunden,
aber wer den Körper gefunden hat,   dass sie tot ist. (B)
dessen ist die Welt nicht würdig.
Verwandte Texte: Mt 24,28; Log 56

Leichenbeschauer oder Weltbeseeler

Sollen wir dies dein Wort etwa so weiterdenken:
Wer aber den Schöpfer der Welt erkannt hat,
der hat den Geist gefunden,
und wer den Geist gefunden hat,
in dem spiegeln sich beide Welten,
die zeitliche und die ewige Welt
als eine einzige Welt.

Der Wissenschaftler ist dann auch Glaubender,
der Philosoph auch Mystiker,
der Heiler auch Heiliger,
und der Psychologe auch Liebender,
und umgekehrt:
Der Seelsorger ist dann auch Therapeut,
der Weisheitslehrer auch Naturforscher,
der Prophet auch Künstler
und der Gotterfahrene auch Welterfahrener.

Denn dem Einsgewordenen sind Materie und Geist
voll von Gottes Gottheit.
Der Spalter aber, der nur die Welt kennt,
kennt die Welt nicht und ist ihrer Würde nicht würdig.

81

Jesus sprach:
Wer reich geworden ist,
soll König werden.   möge ein [freigebiger] König sein.
Und wer die Macht hat,   Wer aber die Herrschaft erlangt hat,
soll ihr entsagen.   der verzichte [auf die Welt]. (D)

Verwandte Texte: Mk 10,17ff., 42ff; Log 110

Erste und zweite Lebenshälfte

Jesus, du Meister der geistlichen Psychologie,
die Weisheit deiner Weisung ist lebenswahr und lebenswert.
Du hast sie uns selbst vorgelebt
in deiner starken Aktionszeit und in deiner starken Passion.

In unserem ersten Leben dürfen wir, sollen wir
stark und reich werden
an Wohlstand und Bildung,
an Familienglück und Freundschaftsfreuden,
an Erfolg und Selbstbehauptung,
reich an Konflikterfahrung und Welteinsicht.

Wir brauchen viel Zeit, und du lässt uns viel Zeit,
bis wir uns nicht mehr schamhaft klein halten
durch den Lügengeist der Selbstzweifel und Selbstablehnung,
bis wir die Charismen, mit denen du uns beschenkt hast,
voll in Gebrauch nehmen,
bis wir die Königsqualität voll annehmen,
die der himmlische Vater seinem Ebenbild eingestiftet hat,
bis wir endlich den Platz und den Sitz einnehmen,

auf dem wir Verantwortung übernehmen und sachdienlich
regieren.
So hast du uns mit einer langsamen und gründlichen Initiation
in unsere aktive Lebenshälfte eingeweiht.

Und du gibst uns Zeit für die Initiation in unsere zweite
Lebenshälfte.
Du gibst uns Kraft, unsere Ämter und Ehren loszulassen,
die Grenzen unsrer körperlichen und geistigen Fähigkeiten
anzunehmen,
unser Recht auf Rechthaben preiszugeben,
unsere letzten Ansprüche an das Leben absterben zu lassen,
rechtzeitig unseren Hof zu übergeben,
raschen Tod oder langes Siechtum in gleicher Weise zu bejahen.
Du berufst uns zu Eremiten,
die mit Wenigem glücklicher sind als mit Vielem,
die wenig wollen und vieles verstehen,
die alles erleiden und alles lieben und alles glauben können.

In dem allen erkennen wir es als unsere Ehre,
dir in unserem Tun und in unserem Erleiden gleich gestaltet zu
werden.

82
Jesus sprach:
Wer mir nahe ist, der ist dem Feuer nahe.
Und wer mir fern ist, der ist dem Königreich fern.

Verwandte Texte: Lk 12,49; Mk 9,49; Apg 2,19; 1 Kor 3,13; Log 10

Am und im Christusfeuer

Einst sah ich dich von ferne,
wie man ein Hirtenfeuer sieht,
so ganz natürlich, ganz alltäglich.
Dann wurd' ich aufmerksamer und kam näher
und sah: Dein Feuer qualmte nicht und rußte nicht,
es hinterließ auch keine Asche.
Solche Reinheit sah ich nie.

Eines Tages geriet ich in die Nacht.
Da suchte ich dich wieder
und ließ mich froh in deiner Nähe nieder.
Du wärmtest mich und gabst mir Licht zum Überleben.
Ich rückte näher, da spürte ich,
dass etwas Hartes in mir schmolz,
aus purem Eis gepanzert und gemauert um mein Herz.

Am Ende fing mein Herz zu brennen an.
Die Purifikation der Reue tat wohlig weh.
Mein Geist fing Feuer und entflammte,
die Zunge züngelte in Lobpreissprachen.

Das Feuer war in mir, es nährte sich von meinem Egoismus,
ein Riesenvorrat alter Brennmaterie,
doch bliebst du reines Feuer ohne Ruß.
Du selber warst in mir,
ich selber aber war noch nicht in dir.

Und als ich dann, ich weiß nicht wie,
in deine Esse kam und selber glühte,
da war ich reif für deinen überraschend sanften Amboss.
Da wurde altes Eisen geduldig umgeschmiedet
zur neuen Pflugschar deines Ackers,
oder soll ich sagen:
zum Schwert der Geisterunterscheidung?

Und einst, dem Tode nahe, würd' ich gerne sagen können:
Gieß, Meister, dich mit deiner heißen Glockenspeise
in meine lehmgeformte falsche Glocke, zerschlage sie,
damit schlussendlich eine stimmige Person dasteht,
die eine neue, deine neue Zeit einläutet.
Ja, das wäre mein vermessener Wunsch.

83

Jesus sprach:

Die Bilder offenbaren sich dem Menschen	Die Bilder sind dem Menschen sichtbar
und das Licht in ihnen ist verborgen.	und das Licht ist in ihnen verborgen,
Im Bild des Lichtes des Vaters wird das Licht offenbar,	verborgen im Licht des Bildes des Vaters. Wenn er [der wahre Mensch], sich aber offenbart,
und sein Bild wird vom Licht verborgen werden.	ist umgekehrt sein Bild verborgen durch sein Licht. (D)

Die Menschen können nur die Bilder sehen, aber nicht das Licht [der göttlichen Gegenwart] in ihnen. Das Licht des Vaters wird sich selbst offenbaren. Aber das Licht ist so [hell], dass man sein Bild darin nicht anschauen kann, so dass es verborgen bleibt. (B)

Verwandte Texte: Gen 1,26f; 2Kor 4,4; 1 Kor 15,45ff; 1 Tim 6,16

Geschaute Bilder des unsichtbaren Bildners

Wenn du mich fragst: Verstehst du das?, muss ich sagen: Nein.
Dann schweige ich. Ich weiß um die Bildlosigkeit Gottes.
Dann taucht aus der Finsternis allmählich das verborgene Licht alles Geschaffenen auf,
und alles, was ich im Geist sehe, sind Bilder des großen Bildners,
der sich selbst in ihnen heimlich abgebildet hat:
in Sternen und Sonnen, in Engeln und Menschen,
in Tieren und Pflanzen, in Edelsteinen und Atomkernen.

Ich sehe jede Materie auf ihre je eigene Weise beseelt.
Das ist das verborgene Licht des Vaters.
Ich kann es nicht direkt sehen, aber direkt glauben.
Kein Mensch kann den Bildner selber sehen;
er würde sofort erblinden und ersterben.
Auch die Gottesbilder, die selbst gemachten, verblassen mir.
Aber die irdischen Bildnisse werden mir plötzlich transparent,
ein jenseitiges Licht leuchtet durch sie
wie durch farbige Fenster oder wie durch geweihte Ikonen.
Doch die Quelle des Lichtes bleibt uns Sterblichen gnädig
verborgen.
Mir genügt eine kleine vorläufige Er-Leuchtung, die eine Be-
Leuchtung ist:

Alles ist ein Abbild des Lichtes des Bildners.
Der Garten wird mir zum Abbild des Paradieses,
und nur wegen des verborgenen Paradieses gibt es irdische
Gärten.
Das Meer wird mir zum Bild der stets bewegten Ewigkeit.
Freund und Freundin lassen mich die Gottesfreundschaft
ahnen.
Der große Eros ist ein Schatten der Großmacht der Agape.
Das rollende Rad wird mir zum Bild der Weltgeschichte, ja
zum Bild der göttlichen Allgegenwart.
Das Automobil, ein Bild des selbst bewegten Lebenshauses,
wird mir zum Abbild der absoluten Selbstbewegung Gottes.
Selbst eine Sauna schenkt Geborgenheit wie nur ein Mutterleib,
und jeder Mutterleib ist Zeichen der Geborgenheit in Gottes
Vaterschoß.
Und gar der furchtbare Krieg wird mir zur Anschauung des
Untergangs des kollektiven Ego
und für den harten Neubeginn im wahren Selbst.
Ein böser Mensch erscheint mir als verhexter guter,
und ein erlöster guter Mensch wird mir zum Engel.
In unseren Höllen erscheinst du, auferstandener Christus,
und wandelst sie zum reinigenden Feuer des Purgatoriums.
und in der schmerzensreichen Läuterung erscheint das lichte
Tor des Paradieses.
Das alles ist mir in der Stunde der Schwermut und des
Zweifels tief verborgen.
Ich bedarf deiner Erleuchtung, die mir die Außenwelt in den
Geheimniszustand versetzt.

84

Jesus sprach:
An den Tagen, da ihr
euer Ebenbild seht,
freut ihr euch.
Aber wenn ihr eure
Urbilder sehen werdet,
die ursprünglich in euch
waren,
die weder sterben
noch sich offenbaren,
oh, wie viel werdet ihr
dann ertragen!

Wenn ihr euresgleichen seht,
freut ihr euch.

Wenn ihr aber eure Bilder seht,

die vor euch entstanden sind,
die weder sterben noch in
Erscheinung treten –
werdet ihr dieser Fülle
gewachsen sein? (D)

Wenn ihr euer Abbild seht, freut ihr euch. Es gibt aber [himmlische Ur-]Bilder von euch, die vor euch entstanden sind. Sie können nicht sterben und werden nicht auf Erden sichtbar. Wenn ihr sie einst seht, dann werdet ihr sie kaum ertragen können [so herrlich sind sie]. (B)

Verwandte Texte: Mt 18,10; 1 Kor 13,12

Wiedervereinigung

Zuerst wissen wir um unsere genetische Zufälligkeit und
Hinfälligkeit.
Das ist manchmal demütigend und schier unerträglich.
Dann offenbaren uns die heiligen Schriften unsere
Gottebenbildlichkeit.
Das ist ein Erdentag voll Freude, schier unglaublich und ohne
jeden falschen Stolz.

Wenn wir aber in deiner Ewigkeit
unser Urbild sehen werden,
uns als reine göttliche Idee im Herzen des Vaters,
und sehen, was wir aus uns gemacht und nicht gemacht
haben –
das muss eine schier unerträgliche Scham und Peinlichkeit
sein.

Aber nach diesem himmlischen Purgatorium, dem reinigenden
Feuer,
wirst du uns wieder vereinigen mit unserem Engel,
mit unserem himmlisch reinen Doppelgänger,
und wir werden seinen Namen bekommen, den wir nicht
kannten.

85

Jesus sprach:
Adam ist hervorgegangen aus einer großen Kraft
und aus einem großen Reichtum,
und er war euer nicht würdig.
Denn wäre er würdig gewesen,
hätte er den Tod nicht geschmeckt.

Verwandte Texte: Gen 3,17ff; Röm 5,12ff

Adams Größe

Dir gegenüber, du Menschensohn voll Kraft und Herrlichkeit,
erahne ich die Schönheit meiner adamitischen Lichtgestalt
und spüre Adams großen Auftrag
und Evas großen Wagemut in meinen Wurzeln.
Ich ahne, was mit Unsterblichkeit gemeint ist,
wenn ich im selben Augenblick erschrecke
über meinen geschmacklosen Geschmack am Sündigen.
Da spüre ich die Scham über den Verlust meiner Würde,
die Furchtsamkeit und Nichtigkeit meines Herzens,
die Irrtümer und Grenzen meines Geistes,
die Trägheit und Hinfälligkeit meines Fleisches.

Wer bin ich nun in Wahrheit?
Dieser oder jener?
Wie bin ich beide zugleich?
Was ist meine Einheit?

Seitdem du mich, den Sterblichen,
österlich, ja pfingstlich
umarmt hast wie von gleich zu gleich,
habe ich mit Herzklopfen
in dir meine Ganzheit empfunden.
Vorher war ich teils hell, teils dunkel.
Der Spalt ist erinnerbar,
die Narbe der Verheilung sichtbar.
Meine Würde, dank der Narbe,
eine glücklich beschämte,
obwohl die Narbe jederzeit aufreißen könnte.
Du gibst meinem würdelosen Adam
wieder Anteil an deiner Kraft und an deinem Reichtum.

86
Jesus sprach:
Die Füchse haben ihre Höhlen
und die Vögel ihre Nester,
der Sohn des Menschen aber hat keinen Ort,
an dem er sein Haupt hinlegen und sich ausruhen kann.
Verwandter Text: Lk 9,18

Zwischen den Stühlen

Jesus, du Menschensohn, sprichst du nur von dir, von deinem
Erdenort Utopia?
Wanderst du auch heute noch wie damals heimatlos durchs
Heilige Land,
obdachlos durch die Kirchen, missverstanden durch die
Kulturen?
Oder muss es jedem Menschen so ergehen,
der durch dich seine Identität als neuer Mensch inmitten der
alten Welt gefunden hat?
Mutest du den Deinen auch deine Heimatlosigkeit zu?

Oder lebst du einfach solidarisch mit den Opfern, den
unfreiwillig Obdachlosen,
den Flüchtlingen und Asylanten? Wohnst du nur, wo man dich
eingeladen hat?
Willst du mich warnen vor dem bürgerlichen Menschen in mir,
der animalisch lebt wie das unbewusste Tier im geschlossenen
System,
der instinktiv sich birgt ins Dunkle, Warme, Angepasste?
Lädst du uns ein, den spirituellen Wanderweg des Menschen
zu gehen,
überall ein Fremdling, zu Haus im Unbehausten, im Offenen
und Freien?
Der alles hat, als hätt' er nichts?

Du hast uns vorgelebt, dass es dem Menschen möglich ist,
im Vaterhaus des puren Seins zu Haus zu sein und nicht im
Schein von Sicherheiten.
Du hast uns vorgelebt, dass es in Wahrheit menschlich ist,
Wurzeln zu bekommen,

die luftig immer tiefer in den Himmel wachsen, je mehr wir
diese Erde lieben.

So bin ich also beides?
In, mit und unter einem besorgten Vielhaber ein gelassener
Habenichts?
Aus eigenem Idealismus kann dieser Spagat gewiss nicht
gelingen.
Bin ich bereit, mich in deine Einsamkeit zu bergen,
nachdem dir sowieso alles Gut und Geld der Welt gehört?
Bin ich bereit, wenn die Stunde der globalen Versuchung und
Verfolgung mich erreicht?
Sind wir bereit, uns selbst und alles loszulassen, »jetzt und in
der Stunde unseres Todes«?

87

Jesus sprach:

Elend ist der Körper, der von einem Körper abhängt,
und elend ist die Seele, die von diesen beiden abhängig
ist.

Verwandte Texte: Mk 9,43; Joh 3,6; Log 29 u. 112

Glanz und Elend der Sexualität

Du Männerfreund, du Frauenfreund, du Kinderfreund,
bist du denn feind dem mächtigen Gott Eros, dem immer
jungen?
Du hast ihn doch samt allen Göttern in dich aufgenommen und
erlöst.
Herrlich ist die körperliche Liebe, Leib und Seele in Ekstase,
Mann und Frau in der Vereinigung zweier Welten,
ein Liebesvorspiel der Hochzeit von Himmel und Erde,
wenn Gottheit und Menschheit sich vereinen, wie sie in dir
schon vereint sind.

Aber ich weiß ja auch das Elend der Sexualität,
oh, der Egoismus, der Missbrauch, die Qual der Sucht und Co-
Dependenz,
die Entehrung, die Sklaverei, die todbringende Vergattung,
die ganze falsche Scham und die ganze kulturelle
Schamlosigkeit.

Du aber, Jesus, du immer junger, mächtiger, allerheiligster Eros,
du kommst zu uns auf Freiersfüßen in das Gefängnis unserer
Abhängigkeiten.
Du bist der neue Gott der Freiheitsliebe.
Du bist der Mittler zwischen Mann und Frau, damit sie sich
freien, nicht knechten.
Du holst die Herrlichkeit der Sexualität aus ihrem Elend.
Du feierst deine völlige Hingabe mit, wenn sich Mann und
Frau vereinen.

88

Jesus sprach:

Die Engel werden zu euch kommen, zusammen mit den Propheten,

und sie werden euch geben, was euch zusteht.

Ihr selbst, was in euren Händen ist,

das gebt ihnen

und bedenkt Folgendes:

An welchem Tag werden sie kommen,

um zu empfangen, was ihnen zusteht?

Verwandte Texte: Lk 11,49f; 2 Kor 8,3ff

Ein Tauschring

Tatsächlich sind sie auch zu mir gekommen,
die Charismen der Engel in deinen Predigern,
Weisheitslehrern, Sängern und Helfern,
und ich habe sie mit meinen Spenden und meiner
Kirchensteuer gut bezahlt.
Aber sie haben ein Anrecht auf mehr, auf anderes:
dass ich eines Tages auf ihre Botschaft antworte mit einem
tätigen Ja,
dass man eines Tages die Früchte meines Lebens sieht,
dass ich eines Tages selbst ein Bote der Botschaft und ein
Sänger deines Reiches werde,
dass ich nicht nur Geld und Zeit opfere, sondern mich selbst.

Spätestens am Tage des Gerichts oder in der Stunde meines
Todes
muss sichtbar werden,
dass ich besucht worden bin von Engeln und Propheten,
dass sich mir die unsichtbare Welt gezeigt hat,
dass aus materiellem Leben ewiges Leben geworden ist.
Und ich werde sagen: Es war dein Gnadenwerk! Dank sei dir!
Und du wirst sagen: Es war dein Glaubenswerk! Dank sei dir!

89

Jesus sprach:
Warum reinigt ihr die Außenseite der Schale?
Versteht ihr nicht,
dass der, der die Innenseite schuf
auch die Außenseite geschaffen hat?

Verwandte Texte: Mt 23,35; Log 22

Außen und Innen sind eins

Ich verstehe:
Menschen erschaffen exoterische Rituale und esoterische
Kulte.
Der Schöpfer aller Dinge aber erschafft dies:
die Einheit des äußeren und inneren Menschen.
Das Göttliche ist nicht nur innen, es ist auch außen.
Das Äußerste entspricht dem Innersten.
Die irdene Schale gibt dem Wein seine Fassung.
Mein Körper ist das fließende Gefäß meiner Seele,
die sichtbare Welt ist durchdrungen von der unsichtbaren Welt,
so dass es nur eine einzige Welt ist,
der Himmel in der Erde, die Erde im Himmel.
Deine Gottheit und deine Menschheit sind eins,
unvermischt und unzertrennt.
Alle innere Frömmigkeit drängt nach außen
in die rechte Säkularisierung,
alle äußerliche Frömmigkeit drängt nach innen
in die rechte Spiritualisierung.
Mystik und Politik sind nur zusammen rein.
Daran will ich denken,
wenn ich mein Geschirr spüle,
meinen Körper wasche
oder wenn ich meine Seele reinige,
meinen Geist entleere.

90

Jesus sprach:
Kommt zu mir,
denn leicht ist mein Joch
und meine Herrschaft ist mild,
und ihr werdet Ruhe finden für euch.

Verwandte Texte: Mt 11,28ff; Sir 51,34ff; Log 50

Jochwechsel

Wie ein Herbergsvater stehst du auf den Straßen
und lädst uns Lastenschlepper
im Vorüberhasten zum Rasten ein.
Wir Wasserträger mit löchrigen Eimern,
wir Yogaschüler mit verbogenen Beinen,
wir Sinn- und Arbeitslose ohne Aussicht
treten in dein Lehrhaus ein,
und die Weisheit nimmt behutsam uns
das Joch der alten Denkvorschriften ab,
die ganze Menschendienerei,
die echten und die falschen Schuldgefühle,
das uralte Drucksystem von Lob und Tadel,
von Zuckerbrot und Peitsche.

Nicht neue Techniken des Meditierens legt du uns auf,
du lehrst uns, unsere strengen Ideale loszulassen.
Dein Yogajoch ist sanft,
doch manche meinen, dass es zu billig sei,
wo doch die Sanftmut immer teuer ist.
Und viele Stolze wollen's lieber hart
und wollen's lieber mit Gewalt,
Erfolg um jeden Preis.

Dein Joch ist Feldarbeit
auf deinem Acker selbstwachsender Saaten.
Die Arbeit ist schon Feier,
weil du selbst im Joche mit uns ziehst
und das verfluchte Kreuzholz uns
zur Freude einer Jochgenossenschaft verwandelst,
und unter diesem einen Joche werden wir einander gleich
und erkennen uns als Zwillingsseelen im Joch und in der Ruhe
Gottes.

Dies alles sehend sag ich: Ja, ich komme zu dir!
Ich will nie mehr alleine schuften,
ich will im Energiefluss deiner Freundschaft schwimmen,
will weder mich noch andere zum so genannten Guten
zwingen.
Das Stimmige ist immer leicht.

91

Sie sagten zu ihm:
Sage uns, wer du bist,
damit wir glauben.
Er antwortete ihnen:
Ihr erkundet das Antlitz von Himmel und Erde;
und den, der vor euch steht,   doch das, was vor euch liegt,
erkennt ihr nicht;
Und diesen Augenblick: ihr wisst
ihn nicht zu würdigen.   wisst ihr nicht zu prüfen. (N)
Verwandte Texte:. Joh 8,25; 6,30; Luk 12,54ff

Im Augen-Blick erkennen wir alles

Aber wir sind blind für das Hier und Jetzt
vor lauter Blicken ins Dort und Dann.
Du bist zwar auch im Dort und Dann anwesend,
aber nicht für mich jetzt und hier.
In jedem Augenblick stehst du vor mir
und blickst mich liebend an,
während ich mit den Leuten
deine Spuren im Kosmos und auf Erden suche,
geistesabwesend, besetzt von tausend Blickrichtungen,
und so missglückt die Begegnung,
ja ich merke es gar nicht,
dass soeben eine Vergegnung geschah.
Darüber bin ich jetzt traurig
und in dieser geistlichen Trauer
spüre ich auf mir ruhen den liebenden Blick deiner Augen,
die allezeit Himmel und Erde durchforschen.
Das bringt mich endlich ganz zu mir selbst und zu dir selbst
zurück.

92

Sucht und ihr werdet finden.
Aber die Dinge, nach denen ihr mich
in jenen Tagen befragt habt,
habe ich euch damals nicht gesagt.
Heute will ich sie euch sagen,
und ihr fragt nicht danach.

Verwandte Texte: Mt 7,7 u. Joh 16,4–2; Log 2

Die rechte Zeit zum rechten Fragen

Bevor wir das Kreuz erfuhren,
stellten wir naive, ja fordernde Fragen.
Und du schwiegst still.
Denn du bist nicht Schiedsrichter und Ratgeber
in unseren Streitigkeiten.
Und als wir das Kreuz erfuhren,
hörten wir auf mit dem Fragen,
weil wir mit keinen Antworten mehr rechnen wollten.

Aber jetzt, wo dich unsere Fraglosigkeit schmerzt,
jetzt will ich dich fragen:
Was willst du uns heute sagen,
was du uns früher nicht sagen konntest,
weil unser Verstand törichte Wissensfragen gestellt hatte,
wo unser Herz betroffene Existenzfragen hätte stellen sollen,
nicht Fragen nach der Sicherung unseres kleinen Egos,
sondern Fragen nach der Rettung unserer großen Seele.

Was also, frage ich, willst du uns jetzt sagen?
Und ich frage dich nicht mehr wie ein Schriftgelehrter,

der eine äußere Autorität zur Bestätigung seiner vorgefassten
Meinung sucht,
sondern wie ein Laie, der in seiner inneren Not sucht
nach seiner eigenen Autorität, nach sich selber und nach dir
selber.

Und ich horche und horche und werde immer stiller
und höre nichts.
Aber dein Schweigen ist ein anderes als das von früher.
Dies beredte Schweigen ist eine Sprache der ewigen Liebe.
Und da gibt es nichts mehr zu fragen.

93

Gebt den Hunden nicht, was rein ist,
sie könnten es auf den Misthaufen schleppen.
Werft keine Perlen vor die Säue,
sie könnten sie beschmutzen.   in den Schmutz treten. (D)

Verwandte Texte: Mt 7,6 ; Didache 9,5

Vom Umgang mit den Mysterien

Von welchen Perlen sprichst du?
Von den Weisheitsperlen deiner mehr als 114 Worte?
Von den sakramentalen Perlen deiner Taufe, deines Mahles,
deiner Absolution?
Von der kostbaren Perle, der unsere Seele gleicht?

»Ja, von dem allen spreche ich.
Die Geheimnisse des Gottesreiches sind ein einziger
Perlenkranz.
Gott und die Seele,
Sakrament und Liebe,
Schönheit und Leiden,
Tod und Auferstehung
sind ein einziges Mysterium.«

Und von welchen Hunden sprichst du?
Sind sie nicht treue Wächter?

»Ich spreche von den Hündischen, den Zynischen, den
Distanzlosen.«

Und von welchen Säuen sprichst du?
Sind sie nicht feinfühlige, kluge, Heilschlamm liebende Wesen?

»Ich spreche von den Menschen mit unreinem Geist,
die alles in den Schmutz ziehen müssen, solange sie nicht
geheilt sind.«

Aber hast du nicht gerade den Kranken und Dämonisierten,
den Betrügern und Huren, den Heiden und Sündern, den
treulosen Jüngern
deine Zuwendung geschenkt?

»Ja. Aber die Umkehrverweigerer, die Reuelosen, die Lauen
speie ich aus meinem Munde.«

Hat nicht gerade »die heilige christliche Kirche« stets das
Heilige missbraucht? Die Machtkirche, die Staatskirche, die
Amtskirche, die Inquisitionskirche, die imperialistische
Missionskirche?

»Ja. Aber ich habe sie als ihr Gefangener erleiden und ertragen
wollen.
Ihr aber seid frei! Feiert also das heilige Mahl im versiegelten
Raum!
Achtet auf die Türen, die Türen!«

Also wollen wir die Perlenkette weder verschleudern noch
verschließen,
wir wollen sie verschenken an die bedürftig und würdig
Gewordenen.
Wir wollen sie den Missbrauchten, die sich unrein fühlen, um
den Hals hängen.
Wir wollen uns nicht goldene Kreuze um die Hälse hängen.

»Ja. Aber vergesst nicht:
Wie den Unreinen alles unrein wird,
so wird den Reinen alles rein.«

94
Jesus sprach:
Wer sucht, wird finden.
Und wer anklopft,
dem wird geöffnet werden.

Verwandter Text: Mt 7,8

Ein Schatz will entdeckt werden

Immer und immer wieder geht es dir ums Suchen und Finden,
denn du hast dich uns entzogen,
damit wir dich nicht einfach in unsere Systeme vereinnahmen,
sondern uns in deine Freiheit nehmen lassen.

Immer und immer wieder geht es dir ums Anklopfen,
denn du hast dich in die Kammer der göttlichen Verborgenheit
eingeschlossen,
damit wir dich nicht mir nichts, dir nichts verallgemeinern,
sondern erst selbst durch sehnsüchtiges Klopfen zu Geöffneten
werden.

Wir verstehen deinen Verehrer Mohammed, der die
Gottesstimme vernahm:
»Ich war ein Schatz und wollte entdeckt werden.
Da schuf ich die Welt.«

95
Jesus sprach:
Wenn ihr Geld habt,
verleiht es nicht gegen Zinsen,
sondern gebt es dem,
der es nicht zurückgeben wird.

Verwandte Texte: Ex 22,24; Lk 6,30–35

Rechnung mit Berechnung
ist Rechnung ohne den Wirt

Mit deinen Augen gesehen ist es offenbar so:
Geben gibt es nicht,
denn Geben ist zugleich Nehmen.
Und Nehmen gibt es nicht,
denn Nehmen ist zugleich Geben.
Jede reine Beziehung ist ein einziges seliges Tauschen.

Aber mit unseren Augen gesehen,
den ängstlichen, gierigen, geizigen, sparsamen, illusionären,
ist es offenkundig so:
Geben muss Lohn und Profit bei sich haben,
sonst ist es sinnlos, ja verlustreich.
Es ist unser gutes Recht, zumindest eine Leihgebühr zu erheben,
denn in der Leihfrist entstehen Teuerungen und Risiken.
Es ist auch unser gutes Recht, mehr als diesen Leihzins zu verlangen,
denn wir wollen nicht nur Besitzstandwahrung, sondern Geldvermehrung.

Wir wollen nicht nur Tauschhandel mit dem praktischen
Tauschmittel Geld,
wir wollen Geld als Ware erwerben, wir wollen alles zu Geld
machen,
Boden und Wasser, Wälder und Erze, billige Menschenarbeit
und teure Leichenorgane.
Und so wächst der Krebs von Zins und Zinseszins,
und so schrumpfen Natur und Kultur, Gesundheit und
Bildung, Treu und Glauben.
Die Armut der einen wird größer, weil der Reichtum der
anderen größer wird.
Die unsichtbare Hand des Gottes Mammon herrscht auf dem
Markt,
dort schwingt er seinen Zauberstab, den Zins, als Zuckerbrot
und Peitsche.

Der Gott des Lebens aber ist gütig, barmherzig, großzügig über
Gute und Böse,
unberechenbar lebendig und voller Überraschungen,
berechenbar treu denen, die ihm trauen, unberechenbar frei
denen, die ihm trotzen,
berechenbar tödlich denen, die am System des Todes
profitieren,
irrational den Rationalisten und rational den Irrationalisten.
Es wäre zum Lachen und Weinen, wenn am Ende die ganze
Welt des Mammons
an sich selbst zugrunde gegangen wäre
und der gute Hirt und Wirt des Lebens hätte
die ganze Zeche für uns alle längst bezahlt.

96

Jesus sprach:
Das Königreich des Vaters
gleicht einer Frau:
Sie nahm ein wenig Sauerteig,
verbarg ihn im Teig
und machte daraus große Brote.
Wer Ohren hat, der höre!

Verwandter Text: Mt 13,33

Die Großmacht des Kleinen

Ich höre dies:
Das Himmelreich gleicht einem irdischen Haushalt.
Der himmlische Vater gleicht einer Hausmutter.
Das bisschen Sauerteig gleicht der Großmacht der Liebe.
Verborgen arbeitet sie in der Teigschüssel der Welt.
Aus geringer Gärung entstehen die großen Brote des Lebens.
Wir selber werden durchgeknetet und umgestaltet von
kosmisch-mütterlichen Händen.
Die irdische Welt hat begonnen, sich ins ewige Reich zu
verwandeln.
Mein Innenohr hört den lautlosen Gärprozess der Dehnung,
die unaufhaltsame Durchdringung von Himmel und Erde.

97

Jesus sprach:

Das Königreich des Vaters gleicht einer Frau,
die einen Krug voll Mehl [auf ihrem Kopf] (K, B) trug
und einen weiten Weg ging.
Der Henkel des Kruges zerbrach,
[so dass eine kleine Öffnung entstand,] (D)
und das Mehl rieselte hinter ihr auf den Weg herab.
Da sie nichts davon merkte,
konnte sie es nicht bereuen. und wusste nichts von ihrem
Missgeschick. (B)
Zu Haus angekommen,
stellte sie den Krug ab
und fand ihn leer.

Verwandter Text: Mt 25,8

Erweckung der vollen Bewusstheit

Meister,
du erschreckst und erweckst mich mit diesem Gleichnis.
Ich verstehe sofort:
Die Frau – das ist Anima, meine Seele.
Der Krug auf dem Kopf – das ist Spiritus, mein irdenes
Fassungsvermögen.
Das Mehl – das ist Spiritus Sanctus, meine geistliche
Seelennahrung.
Der weite Weg – das ist meine lange Entwicklung.
Der Henkelgriff – das ist mein An-Greifs-Punkt und zugleich
mein Schwachpunkt.
Der Bruch, der Riss – das ist mein unbemerktes Leck,
meine ungeheilte Wunde, meine nicht wahr- oder nicht ernst
genommene Krise,
Die Unaufmerksamkeit – das ist meine Geistesabwesenheit,
meine Verdrängungskunst, mein geistloser Alltagstrott.

Ich sehe nicht die stille langsame Katastrophe,
ich merke nicht meinen Kraftverlust, meine geistliche
Substanzabnahme.

Ich schaue nicht nach, was ist los mit mir.

Ich täusche mich über mich selbst, ich ändere nichts, ich schlafe weiter.

Ich sehne mich nach nichts, weil ich meinen Leerlauf nicht spüre.

Ich bereue nichts, weil ich mich nicht kenne.

Ich wache erst auf, wenn ich ausgelaufen oder ausgebrannt bin.

Ich erschrecke über meine Leere, meinen eingebildeten Besitz.

Jetzt erst beginnt meine Umkehr, mein zweites Leben.

Oder ist es zu spät dazu?

Aber du hast doch gesagt: Selig, die geistlich arm sind, gerade ihnen gehört das Gottesreich?

Ich laufe hungrigen und bangen Herzens zurück zur Mühle.

Siehe, der Mahlmeister füllt mir einen neuen Topf, umsonst!

Beim zweiten Gang nach Hause ist meine Seele wie verwandelt:

hellwach, bewusst, gesammelt, versiegelt.

Ich bin bei mir selbst und bei dir selbst zu Hause.

Nach jener innersten Leere nun diese Fülle des Königreiches!

98

Jesus sprach:

Das Königreich des Vaters gleicht einem Mann,
der einen mächtigen Mann töten wollte.
Zu Hause zog er das Schwert aus der Scheide
und durchstach damit die Wand,
um zu sehen, ob seine Hand sicher genug sei.   stark genug
Dann tötete er den mächtigen Mann.   (D)

Verwandte Texte: Lk 14,31f u. Mk 3,27

Exerzitium des spirituellen Krieges

Herr, Jesus, es gefällt mir, dass du das Kommen des Reiches
mit einem Attentat auf die Mächte der Welt vergleichst.
Ich erkenne dich selbst im Bilde des Tyrannenmörders,
der seine Befreiungstat erst lange einübt, bevor er sie
blitzschnell ausübt.
Denn »der altböse Feind« ist gerüstet mit »groß' Macht und
viel List«.
Aber ein treffsicheres »Wörtlein kann ihn fällen«.

Und so will auch ich den Kampf gegen die Macht des
Negativen
erst in meiner Innenwelt einüben,
bevor ich ihn in meiner Außenwelt ausübe.
Du hast mir das Schwert der Unterscheidung der Geister
gegeben.
Lange ruhte es unbenutzt in der Scheide.
Jetzt nehme ich es prüfend in die Hand.
Ich renne nicht gleich nach draußen, wo die Welt voller Teufel
ist.
Ich trainiere zu Hause, unterscheide meine eigenen Geister,

lerne, die guten von den unguten, die lügnerischen von den
wahrhaftigen zu scheiden,
die geistliche Trauer vom depressiven Weltschmerz zu
befreien,
den Platz der symbiotischen Liebe mit der bedingungslosen
Liebe zu besetzen,
die falsche Demut in echte Demut zu verwandeln, den falschen
Stolz in echten Stolz,
die Resignation der Weisheit aus der resignativen Zynik zu
destillieren,
die Hoffnung von den illusionären Geistern zu reinigen,
kurz – all die aufgeblasenen Terrormächte in mir aufzuspüren
und mit grimmigem Humor zu liquidieren.
Schonungslos will ich in meinen vier Innenwänden die
Ungeister bekämpfen.
Ich versuche, mein Schwert durch die eigene Wand zu stoßen.
Ich darf Fehler machen und Niederlagen einstecken.
Dein Heiliger Geist ist ein geduldiger Schwertlehrer.
Du gibst mir viel Zeit.
Und schon ist die Zeit da,
mich auch draußen zu bewähren mit treffsicheren Stößen.

99
Die Jünger sagten zu ihm:
Deine Brüder und deine Mutter stehen draußen.
Er sprach zu ihnen:
Diejenigen, die an dieser Stelle   Diese hier, die (N)
den Willen meines Vaters erfüllen,
sind meine Brüder und meine Mutter.
Sie sind es, die in das Königreich meines Vaters eingehen
werden.
Verwandter Text: Mk 3,31ff

Das Ende des Matri-/Patri-Archats

Immer dann, wenn meine Familie kontrolliert,
wenn sie sich sorgt, wenn sie übergriffig wird,
wenn sie mich klein hält und mich schonen will,
wenn sie eifersüchtig ist –
ja, dann hasse ich sie von ganzem Herzen.

Ich glaube, meine Seele war mit dir auf der Hochzeit zu Kana
und hat gut gehört, wie du leise zu deiner Mutter gesagt hast:
»Frau, was habe ich mit dir zu schaffen?«

Wer nicht zurückweist die Vormünder,
kann nicht Freier sein.
Wer sich nicht trennt, kann sich nicht vermählen,
wer nicht in sich geeint ist, ist gemeinschaftsunfähig.

Du bist mein Befreier, du machst mich hochzeitlich.
Du lässt mich eintreten in die klassenlose Gemeinschaft
der mit dir Ebengebürtigen.
Der Wille der Menschen ist nicht der Wille des Himmels,
den du uns zur Mutter gemacht hast,

als du zärtlich sprachst: mein Abba.
Oftmals ist es unmöglich,
irdische Väter und Mütter, Brüder und Schwestern zu lieben.
Aber alle geben ihr Bestes,
und auch wenn dieses nicht ausreicht,
können und sollen wir Vater und Mutter ehren,
wie es die Himmelsstimme vom Heiligen Berg verlangt,
welche nicht verlangt, sie zu lieben,
und auch nicht verlangt, zu gehorchen,
denn Lieben und Gehorchen ist oftmals unmöglich.
Ehren aber ist immer möglich und nötig.
So will ich ihnen dienen aus Dank
und mit ihnen kommunizieren aus Respekt,
denn sie gaben mir unwillkürlich oder willkürlich irdisches
Leben,
das der Wille des Vaters in ewiges Leben verwandelt.

100

Sie zeigten Jesus ein Goldstück
und sagten zu ihm:
Cäsars Männer fordern Steuer von uns.
Er sagte:
Gebt Cäsar, was Cäsar gehört,
gebt Gott, was Gott gehört,
und was mir gehört, das gebt mir.

Verwandter Text: Mk 12,13–17

Dreifache Verbindlichkeit

Mit drei Sätzen ordnest du unser ganzes Leben.

In der politischen Welt müssen wir bezahlen
für das, was wir empfangen.
Und Preise und Steuern sind niemals gerecht.
Wir müssen leben zwischen Widerstand und Ergebung,
zwischen Vaterlandsliebe und Tyrannenmord.

In der Welt der Religionen müssen wir mitspielen
mit den kultischen Traditionen und göttlichen Gesetzen.
Es ist gut, den Feiertag zu halten,
die Priester zu ertragen,
die Eltern zu ehren,
der Schöpfung Ehrfurcht zu zollen,
das Eigentum des Nachbarn zu wahren
und den Preis für Tabuverletzungen zu zahlen.

In der spirituellen Welt aber gibt es kein Muss,
außer dem freien Muss der Gegenliebe,
dem mystischen Echo der Freundschaft mit dir,
wenn die Täler und Höhen der Seele zurückwerfen,
was sie von dir vernommen haben,
Hingabe für Hingabe,
Blick der Augen auf deinen Augenblick,
Vertrauenserklärung auf Vertrauenserklärung,
Freude über Freude,
Amen auf Amen.

101

Wer seinen Vater und seine Mutter nicht hasst,
so wie ich,
wird nicht mein Jünger werden können.

Und wer seinen Vater und   seinen [himmlischen] Vater und
seine Mutter nicht liebt,   seine [himmlische] Mutter (B)
so wie ich,
wird nicht mein Jünger werden können.

Denn meine [Mutter gebar mich für den Tod],   [ist von
aber meine wahre Mutter   der vergänglichen Welt],[10] (D)
hat mir das Leben geschenkt.

Verwandte Texte: Lk 14,26; Log 55 u. 99

---

[10] Die in Klammern stehenden Worte sind ein von (M) bzw. von (D) vorgeschlagener Ersatz für verloren gegangene koptische Wörter.

Geheiligtes Hassen und Lieben

Hinter meinem leiblichen Vater
meinen himmlischen Vater sehen können,
ohne ein irdisches Bild an den Himmel zu projizieren!
Hinter meiner leiblichen Mutter
eine himmlische Mutter erahnen,
ohne dem Kult der großen Göttin zu dienen!
Das geht nur durch das Wunder der Wiedergeburt.
Und die Wiedergeburt ist ein Werk der Heiligen Geistin,
eine Schöpfung der göttlichen Ruach,
der Hagia Sophia, der himmlischen Sapientia.

Seit meiner Taufgeburt
bin ich nicht mehr pur Kind meiner Eltern.
Als Kind Gottes liebe ich sie nicht mehr und hasse ich sie nicht mehr,
sie sind mir transparent geworden
für die Zeugung und Geburt meiner Seele im Himmel.
Nähe und Distanz zu ihnen wird von oben her gewirkt.
Ich liebe und hasse nicht mehr seelisch mit der Psyche,
sondern pneumatisch mit dem Geist.
Das lernt man nur an deinem irdischen Beispiel,
wie du, Jesus, einst mit deiner beredten Mutter
und mit deinem stummen Vater umgegangen bist.
Man lernt es in deiner Nachfolgeschule.
Und gut dran ist der Mensch, der an seinen Eltern sehen kann,
wie gut sie das einst mit ihren Eltern gemacht haben
dank einer geerbten Weisheit.

102

Jesus sprach:

Wehe den Pharisäern!

Sie gleichen einem Hund,

der im Futtertrog der Ochsen liegt:

Weder frisst er selbst,

noch lässt er die Ochsen fressen.

Verwandter Text: Mt 23,13

Sich selbst Behindernde behindern andere

Ich unterstelle mich deinem sarkastischen Wehruf.
Ich kenne den Pharisäer in mir,
der den Platz besetzt, der frei bleiben sollte.
Ich kenne den klugen Besserwisser auf meinem Belehrstuhl,
den feinen Hochmut des scharfsinnigen Kritikers,
dessen liebloser Pfeil ins Schwarze trifft und die Mitte verletzt,
den Wissensbesitzer, der mit seinem Wissen herrscht statt
ernährt,
der andere bloßstellt mit dem Satz: Was, das weißt du nicht?,
den perfekten Theologen, der seine Wahrheit für sich gepachtet
hat,
den heiligen Amtsträger, der mit seinem inflationären
Selbstbewusstsein
den Zugang zum Heiligen versperrt,
den Moralisten, der das Geschäft des Verklägers betreibt,
den Geistlichen, der seinen spirituellen Hunger nicht spürt
und der Gemeinde keine geistliche Nahrung gibt,
ja, ich kenne ihn in seiner feinsten und vornehmsten Gestalt,
und jedes Mal, wenn ich seine Deplatzierung erkannt habe,
schleicht er sich aus meinem Kopf.
Aber der Hund lümmelt schon am nächsten Tag
wieder auf dem alten Platz herum.
Wehe mir und meinesgleichen!
Mein Ego behindert mein Selbst, und so behindere ich die
Meinen,
mein Kopf unterdrückt mein Herz, und so unterdrücke ich die
Liebe,
ich und meinesgleichen hindern das Volk an seinem, an
deinem heiligen Mahl.
Ich will mich aufmachen und mich über mich erbarmen,
über diesen elenden Sünder im Ehrengewand des Gerechten.
Der heilende Zauberstab deines Wehrufs enthext mich,
ich gebe mich frei – und hervor tritt ein gebeugter,
ein verstehender, und das heißt ein verzeihender Mensch,
der weiß, wie wenig er weiß.

103

Jesus sprach:

Selig der Mensch, der weiß,
wo und wann die Räuber einbrechen werden,
so dass er aufstehen kann,
um seine Kräfte zu sammeln, seine Knechte (D)
seine Lenden zu gürten,
bevor sie hereinkommen.

Verwandter Text: Mt 24,43

Eine Wache an der Toren der Sinnlichkeit

Gut ausgestattet ist das Haus meines Leibes,
ich liebe die Fenster meiner Augen,
die Türen meiner Ohren,
das Öffnen und Schließen meines Mundes,
das Tasten meiner Finger,
die Offenheit meines Geschmackes,
meines Magens und Mögens, meines Geschlechts.
Ich mag das Haus meines Lebens.

Aber es ist ungeschützt.
Die Nacht der Weltzeit ist voller Gesindel.
Schlau und brutal, verkappt und blitzschnell,
scheinheilig oder obszön
überfallen mich dunkle Mächte am hellichten Tag.
Was heißt überfallen?
Sie sind unbemerkt und wie meinesgleichen
hereingekommen wie in ihr Eigentum,
und während ich mit ihnen verhandle,
räumen sie mich heimlich aus.

Aber ich kenne inzwischen meine Schwachstelle,
ich bin gerüstet, ich habe eine Engelwache bestellt,
der Schutzgeist ist gekommen,
bei Tag und bei Nacht, sogar im Tiefschlaf.
Tief in mir betet es wie eine Atmung, ohne Sprache, ohne
Stimme.
Und wenn ich dennoch hereingefallen bin
und überfallen worden bin und hingefallen bin,
so kann ich doch sofort wieder aufstehen
und der Spuk ist vorbei.
Ich muss nicht Opfer bleiben und mich bedauern.
Ich werde wieder Herr im Haus.

104

Sie sagten zu ihm:
Komm, lass uns heute beten und fasten.
Jesus sprach:
Welche Sünde habe ich
denn begangen   [deretwegen wir fasten müssten]
oder wovon bin ich besiegt
worden?   [dass wir beten müssten?]
Aber wenn der Bräutigam das Brautgemach verlässt,
dann ist es Zeit, zu fasten und zu beten!   da soll niemand
                                                                   fasten und beten. (D)

Verwandter Text: Mk 2,19f

Drinnen und draußen

Gebettet in die Einheit und Ganzheit,
umarmt im Glück der Vermählung und Versöhnung –
das ist keine Zeit fürs Fasten, das ist jenseits des Betens.
Ganz innen ist nur ein Lieben und Geliebtwerden.

Aber draußen, in der Gespaltenheit des Lebens,
da ist Kampf, da muss gefastet und gebetet werden,
bis uns der reißende Wolf gehorcht wie ein Hofhund.

Hinein ins Gemach und wieder hinaus und wieder hinein,
im Innersten bleiben und zugleich im Äußersten sein,
dies Unmögliche ist möglich dem, der statt viel zu beten nur
glaubt
und statt viel zu fasten viel liebt.

105

Jesus sprach:

Wer den Vater kennt und die Mutter,   Wer den [wahren] Vater
und die [wahre] Mutter kennt,

wird man den Hurensohn rufen?   wird [von der Welt] »Sohn
der Hure« genannt
[weil er seine irdischen Eltern verleugnet.] (B)

Verwandte Texte: Mk 6,3; Joh 8,41f

Vom doppelten Ursprung des Menschen

Ob ich meinen Erzeuger kenne oder nicht,
ob ich ehelich oder unehelich geboren bin,
ob ich gute oder problematische Eltern gehabt habe –
meine wahre Identität finde ich in meinem himmlischen
Ursprung.
Das lerne ich von dir, Jesus,
von Maria unehelich empfangen, von Moralisten verdächtigt.
Was soll's, entscheidend ist es,
den himmlischen Vater zu kennen, den erbarmenden Abba der
All-Liebe
oder, was dasselbe ist: die himmlische Mutter, die heilige Geist-
Ruach der All-Weisheit.

Aber was sind Namen, was sind Begriffe?
Kann ich kennen, was alle Welt »Gott« nennt?
Was erkenne ich, wenn ich mit deinen Worten bete:
»Unser Vater im Himmel …«?
Meine Seele ist voller Bilder, der Himmel eine
Projektionswand.

Dahinter aber weiß ich den Schimmer eines bildlosen
Angesichts,
kein Vater, keine Mutter, kein Übermensch,
aber ich spüre im Dunkeln eine Urbeziehung,
ein großes Es, das mir vorübergehend zu einem deutlichen Du
wird,
das mich vorübergehend zu einem deutlichen Ich macht,
so dass Ich und Du vorübergehend verschmelzen,
Liebe und Gegenliebe sich vertauschen,
ein Angekommensein im kaum geahnten Ursprung,
ein wortfreies Sprachgeschehen,
Sprache meiner geistlichen Väter und Mütter,
Glossolalie, unbekannte Muttersprache des Herzensgrundes,
innige Worte der Weisheit, der Liebe, der Tröstung,
sprachlose Einkehr in ein vergessenes Zuhause, wortlose
Umarmung.

Oder ein einziger Ruf im Echo des Universums: JA!
Und wenn der alles verdächtigende Verstand erwacht
und mich warnt vor der Selbsttäuschung der gespiegelten
Selbstliebe,
dann eile ich zu dir, verdächtigter Jesus;
in dir bin ich kein Hurensohn und meine Vernunft keine Hure.
NEIN!

106
Jesus sprach:
Wenn ihr aus zwei eins macht,
werdet ihr   Söhne des Menschen (D) / Menschensöhne (B)
des Menschen Sohn sein;
Und wenn ihr [dann] sagt:
Berg, heb dich hinweg,
wird er sich hinwegheben.
Verwandte Texte: Eph 2,14 u. Mt 7,20; Log 48

Die Menschheit bildet sich zum Mandala

Aus Eins mach Zwei! Ein Leichtes für den Spaltgeist.
Aus Zwei mach Eins! Ein Wunder deines Geistes.
Der Staatsmann, der von dir gelernt hat:
versöhnen statt spalten,
ist ein Menschensohn, der Frieden schafft.[11]
Der Machthaber, der vom römischen Imperium gelernt hat:
divide et impera, herrsche durch spalten,
ist ein Wolfssohn, der Krieg bringt.[12]
Jesus, du stellst die Schüler und Schülerinnen
vor die Problemberge der Menschheit:
zwei Religionen, zwei Klassen, zwei Rassen,
zwei Geschlechter, zwei Generationen.
Unmöglich, zu sagen: Hebt euch hinweg, ihr uralten
Riesenprobleme!
Aber es ist möglich, alles als sich ergänzende Teile
eines einzigen kosmischen Mandala zu verstehen;

[11] Johannes Rau, ehemaliger deutscher Bundespräsident
[12] Wolfowitz, US-amerikanischer »Vater des Irakkrieges«

in dessen Mitte glaube ich dich selbst als geeinten Gottmenschen
wohnend und alles sammelnd, alles zentrierend.

Das kann ich nur soweit sehen,
soweit ich meinen eigenen spalterischen Egoismus erkannt habe
und mit mir selbst, meinen Gegnern, meinem Schicksal versöhnt bin.
Und das lerne ich bei dir.
Und so erkenne ich mich selbst als ein Puzzle-Stück der Menschheit,
die im Grunde ein einziger kosmischer Mensch ist,
ein sich entwickelndes, heimholendes, alles einbeziehendes Mandala,
in dessen Mitte ein Kreuz mit deinen ausgestreckten Armen wirkt.

107

Jesus sprach:

Das Königreich gleicht einem Hirten,

der hundert Schafe hatte.

Eins von ihnen, das Größte, verschwand.　　verirrte sich. (N)

Er ließ die neunundneunzig stehen

und sucht das eine,

bis er es gefunden hatte.

Nach dieser Prüfung　　　　　nach all seinen Mühen (D)

sagte er zu dem Schaf:

Ich liebe dich mehr als die neunundneunzig!

Verwandte Texte: Mt 18,12f; Lk 15,4–6

Selbstverlust und Neugewinn

Das Eine, das Große, das Größte in mir,
das habe ich verloren.
Es ist mir in der Wirrnis der Welt entschwunden.
Übrig geblieben sind die vielen kleinen Ego-Teile,
die einander widersprechen,
miteinander konkurrieren,
die Psyche spalten.

Bis in mir der Hirte auftaucht,
der das Eine, Große, Ganze in mir auffindet,
die göttliche Königsqualität,
die alles sammelt und vereint,
verbindet und versöhnt, regiert und integriert.

Der du so tief in mich herabgestiegen bist,
als du dich auf den Weg in die Welt gemacht hast,
dir bringt das alles Mühe und Arbeit.
Ich sehe, wie groß deine Geduld, wie stark deine Liebe ist.
So glaube ich an dich auch

als den Hirten der Seele meines ungeeinten Volkes
und als den Hirten der Seele deiner viel zerteilten Kirche.

Ich beklage nicht mehr
die Abwesenheit der großen Leittiere,
denen ich folgen könnte.
Ich beklage nicht mehr das Ausbleiben
der guten Könige oder guten Präsidenten,
des guten Reformators, des guten Papstes.
Wo sind sie, die unsere unregierbare Welt
sammeln und führen könnten?
Es gab sie nie. Es wird sie nie geben.
Und das ist gut so, denn sonst würden wir nicht
nach dem Königreich des einzig wahren Hirten schauen,
der im Untergrund schon am Wirken ist,
und ohne den die Menschheit in ihrer Paranoia schon
versunken wäre.

108
Jesus sprach:
Wer von meinem Mund trinkt,
wird wie ich sein.
Und ich, ich werde wie er sein, und ich selbst werde er
und das Verborgene wird sich ihm offenbaren. werden, (D)
Verwandte Texte: Joh 4,14; 7,37; 10,30; 14,20

Nicht Bruderschaft – Zwillingsschaft trinken

Man hatte mir viele Fremdgetränke eingeflößt.
Da wurde ich ein Süchtiger und zugleich ein Überdrüssiger,
mir selbst eine Fremder.
Als ich die Infiltrierung verweigerte,
kam ich langsam zu mir selber.
Jetzt aber, unter deinen Worten,
möchte ich nochmals ein anderer werden, einer wie du.

Ich häng' an deinem Mund,
ich trinke Wort für Wort,
ohne Sprache, ohne Trinkgefäß.
Mein Durst wird gelöscht
und im Löschen zugleich größer.
Für Momente geht dein Ich über in meines,
und meines in deines.
Mir bringt's das Leben, dir bringt's den Tod.
Wir sind zusammen ein Tod und eine Auferstehung.
Da ist kein isoliertes Ich mehr da.
Es ist aufgehoben im Wir, im All.
Das Verborgenste zeigt sich:
dass ich, dass wir alle in dir unseren Ursprung haben,
dessen Wasser springt von Ewigkeit zu Zeit
und von Zeit zu Ewigkeit.

109
Jesus sprach:
Das Königreich gleicht einem Menschen,
der auf seinem Feld einen verborgenen Schatz hatte,
von dem er nichts wusste.
Als er starb, hinterließ er das Feld seinem Sohn.
Der Sohn wusste nichts,
nahm das Feld
und verkaufte es.
Der Käufer kam
und fand den Schatz beim Pflügen,
und er begann, Geld gegen Zinsen auszuleihen,
an wen er wollte.

Verwandter Text: Mt 13,44

Unbewusste Weitergabe

Jesus, wenn du deinen Mund auftust,
erkenne ich mich als Nichtwissenden
und in dieser Erkenntnis ahne ich manches.

O wir Nichtwissenden,
die wir um unseren Schatz nicht wissen,
wir Unbewussten,
die wir die Oberflächen hin und her beackern,
wir Unentwickelten,
die wir den Schritt ins Tiefe und Weite nicht wagen,
wir Ahnungslosen,
die wir über Generationen hinweg heilige Gene ungebraucht
weitergeben,
wir Traditionalisten,
die wir unsere wahre Tradition vergessen haben,
wie sind wir dennoch von der Allwissenheit
erwartet, gesucht, geliebt
und wir wussten es nicht!

Und plötzlich ist die Stunde da,
und wir entdecken, was wir unbewusst wussten,
und wir ergreifen unser himmlisches Potenzial,
und wir schalten und walten damit in großer Freiheit und
Freigiebigkeit,
und es vermehrt sich von selbst –
und plötzlich ist es wieder verspielt, versunken, vergessen.
Aber es bleibt, es bleibt. Es ist nicht verloren,
weder in der Tiefe der Seele noch in der Tiefe der Geschichte,
es kommt, es kommt wieder zum Vorschein
auf immer höherer Ebene, in immer reinerer Gestalt
dank der gründlichen geschichtlichen Gottesgeduld.

110
Jesus sprach:
Wer die Welt gefunden hat
und reich geworden ist,
soll der Welt entsagen.

Verwandter Text: Mk 8,36; 10,21; Log 81

Welt-Entbindung

Ja, ich habe sie gefunden,
ich habe sie genossen,
ich habe sie auch erlitten,
diese reiche Welt.
Ich bin in ihr reich geworden
und habe mir ihre kulturellen Werte angeeignet
und dabei auch ihre materiellen Ressourcen verschwendet.
Ich habe mich vorgefunden in einem wunderbar geschenkten,
aber sterblichen Körper,
in einer bewegten, aber behinderten Psyche,
in einem schöpferischen, aber eitlen Geist.

Ja, ich will ihr entsagen,
dieser schönen, schillernden, faszinierenden, traurigen,
gewaltigen, gewalttätigen, lustvollen, angstvollen,
liebenswerten, leidvollen Welt.

Ja, ich kann ihr jetzt entsagen,
jetzt, in der Mitte meines Lebens,
jetzt, in der Neige meines Lebens,

jetzt, in jedem neuen Augenblick,
nachdem ich dich in dieser Welt vorgefunden habe
und ich mich dir zugesagt habe
dank der Wirkkraft deiner Werbung.

Ja, ich liebe noch Weib und Kind,
Haus und Hof, Geld und Gut,
Wälder und Bücher.
Vieles habe ich nicht mehr,
vielleicht weil du, mir vorauslaufend, Gebrauch gemacht hast
von meiner allzu späten Entsagung.
Vieles habe ich noch,
auch nach der Entsagung.
Aber ich habe es anders als vorher.
Das Viele hat mich nicht mehr,
Ich habe es nur noch so,
als hätte ich es nicht.
Und so habe ich es in Distanz und Transparenz,
noch schuldig und schon unschuldig.
Ich gebrauche es noch,
aber eigentlich brauche ich es nicht mehr.
Meine Entsagung ist mehr dein als mein Befreiungswerk,
Danke, du Lebendiger, danke
für die Entbindung meiner zweiten Geburt.

111

Jesus sprach:
Die Himmel werden sich
vor euren Augen aufrollen,   in eurer Gegenwart (D)
ebenso die Erde.
Und der Lebendige, hervorgegangen aus dem
Lebendigen,   dem lebendigen Gott, (B)
wird weder Tod noch Furcht kennen.

Denn Jesus hat gesagt: (D)

»Wer sich selbst findet,
dessen ist die Welt nicht würdig.«

Verwandte Texte: Mk 13,3; Offb 6,1; Log 56 u. 80

Die große Wandlung

Bist also auch du ein Apokalyptiker, der einen Gott verkündet,
der Galaxien gebiert und Spiralnebel frisst?
Bist auch du ein mythologischer Endzeitspekulant, ein
moralistischer Unheilsprophet,
der den kosmischen Weltuntergang für die Gegenwart
ankündigt?
Der das große Abräumen ansagt und das furchtbare
Platzmachen
für das Aufrollen neuer Baupläne?
Du bist offenbar mehr als ein esoterischer Weisheitslehrer,
aber auch mehr als ein exoterischer Dogmatiker
und als ein fundamentalistischer Apokalyptiker.
Du denkst in kosmischen ebenso wie in innerseelischen
Dimensionen.
Du lässt uns im Geist erschrocken sehen, wie Erde und
Himmel sich uns aufrollen.
Was außen geschieht, will innen geschehen.
Und was innen geschieht, muss vielleicht außen nicht mehr
geschehen.

Wir kindischen Zeitgenossen aber wollen gesichertes Außen.
Wir wollen nicht mehr an den göttlichen Zorn glauben.
Wir würden noch in einer Endzeit eine Glücksreligion
erstreben,
eine Wohlfühlkirche, eine billige Gnade ohne Kreuz,
eine Liebe ohne Leid, eine Lust ohne Ehrfurcht,
gemütliches Dämmerlicht ohne heilige Finsternis.
Und so erscheint uns diese Welt als untergangsresistent.

Wenn dies alles vergeht, morgen oder jetzt,
wenn der süchtige Mensch sich und seine Welt zerstört hat,
weil der göttliche Zorn ihn sich selbst und seinem Tun
überlassen hat –
dann tritt der neue Adam nackt und nüchtern aus uns hervor,
der Lebendige selbst aus dem Selbst des Lebendigen.
Er wird im geistlichen Tod die Todesfurcht
und im biologischen Tod den Tod selbst nicht schmecken.
Die Katastrophen[13] werden ihm, wie der Wortlaut sagt, zu
Verwandlungen,
und ihre Schrecklichkeit wird ihre Schrecken verlieren
angesichts der kosmischen Schönheit der kommenden Welt,
derer wir Todgeweihten urplötzlich gewürdigt sind.

Und das alles, sagst du,
wird vor unseren Augen geschehen.
Ja, jetzt üben wir es ein in jedem Atemzyklus von Aus und Ein,
von Alt und Neu, von Lassen und Empfangen.

---

[13] *kata-strophe* = Um-Wendung

112

Jesus sprach:

Wehe dem Fleisch, das von der Seele abhängig ist!

Wehe der Seele, die von dem Fleisch abhängig ist!

Verwandte Texte: Log 26 u. 87

Versöhnung von Leib und Seele

Elend dran bin ich,
wenn meine körperliche Befindlichkeit diktiert wird
von meinen psychischen Affekten,
wenn mein Körper erkrankt
unter der Tyrannis meiner Emotionen.
Elend dran ist der vom Seelischen überflutete
psychische Mensch.

Elend dran bin ich,
wenn meine seelische Befindlichkeit diktiert wird
von meinem körperlichen Wohl und Wehe,
wenn meine Psyche gekränkt ist
wegen der Erkrankung meines Leibes.
Elend dran ist der von seinen triebhaften Ansprüchen
getriebene
physische Mensch.

Gut dran bin ich,
wenn der Geist Wohnung genommen hat
in meinem herrschsüchtigen Fleisch und in meiner
herrschsüchtigen Seele,
wenn er die verfeindeten Mächte von Leib und Seele friedlich
vereint hat
durch die Balance der höheren Vernunft.
Gut dran ist der vom göttlichen Atem erfüllte
spirituelle Mensch.

113

Seine Jünger sagten zu ihm:
Das Königreich, an welchem Tag wird es kommen?
– Wenn man danach Ausschau hält,
wird man es nicht kommen sehen.
Man wird nicht sagen:
Schau, hier ist es!
Oder: Siehe, dies ist der Augenblick!
Aber das Königreich des Vaters
breitet sich über die Erde aus,   ist schon über die Erde
und die Menschen sehen es nicht.   ausgebreitet, (D)

Verwandte Texte: Lk 17,20f; Log 3 u. 51

Ich bin's

Das von allen ersehnte Friedensreich auf Erden,
von vielen Christen schon nicht mehr erwartet,
von vielen Sozialisten schon nicht mehr geglaubt –
wo, was, wie und wann ist es?
Wir sollen es uns offenbar nicht im Jenseits vorstellen,
nicht in irdischer Zukunft, nicht in der Sternenwelt
und auch nicht in den frommen Herzen,
sondern jetzt und hier global ausgebreitet über die Erde,
diesem dicht bewohnten Planeten.

Aber wir sind blind dafür. Wir sehen nur globale Kriege.
Dein Reich ist verborgen,
es ist kein politisches System wie eine Staatskirche oder ein
islamischer Gottesstaat
oder wie die missionarische Demokratie des frommen
Killerpräsidenten Bush,
keine religiöse Institution wie etwa der Vatikan,
keine religiös-sozialistische Volksbewegung wie die des
Thomas Müntzer,
keine enthusiastische Pfingstbewegung reicher Geschäftsleute,

kein innerseelisches High-Gefühl wie es Drogen vermitteln,
kein Urlaubs- und kein Steuerparadies.

Was aber ist es dann, das Gottesreich auf Erden?
Ich höre dich lächelnd sagen:
»Ich bin's. Ich in eurer Mitte.«
Da erinnere ich mich, was von dir bezeugt wird:
Du bist erschienen als Mensch unter Menschen,
du bist mit Vorliebe erschienen an den Orten der Verzweiflung
und Verdammnis.

Und als was können wir dich erkennen?
»Als die grund- und grenzenlose Liebe.«

Da erinnere ich mich wieder, was schon meine Väter und
Mütter wussten:
Die bedingungslose Liebe ist der Friede mitten im Krieg,
die Hefe mitten im Teig, die Rose im Schnee,
die Umarmung auf dem Friedhof, die Stille in der Hektik,
die höchste und letzte Energie im Universum.
Ohne sie hätte nichts Bestand.

So wäre also auch ich
ein potenzielles Miniteilchen des Himmelreiches auf Erden?
»So ist es. Du bist es.«

114
Simon Petrus sagte zu ihnen:
Mariham soll aus unserer Mitte
verschwinden,   Maria soll uns verlassen, (D)
denn Frauen sind des [wahren] Lebens nicht würdig.

Jesus sprach:
Seht: Ich werde sie zu mir holen,
um sie männlich zu machen,
damit auch sie ein lebendiger Geist werde,
euch Männern gleich.   der euch Männern vergleichbar ist. (N)
Denn jede Frau, die männlich wird,   wenn sie sich männlich
wird in das Himmelreich eingehen.   macht, (D)
                    Das Evangelium nach Thomas. (N)
Verwandte Texte: Lk 8, 2; Joh 20; Log 22 u. 61

Aufhebung des Dualismus von Mann und Frau

Und so höre ich Maria Magdalena zu dir sagen,
nachdem du Petrus, dem Bischof der Männerkirche,
widersprochen hast:

»Danke, mein Meister, mein Freund und mein Gott,
dass du mich befreit hast
aus meiner Entwürdigung durch die Männer,
durch die patriarchalen Religionsführer, durch die Dämonien,
die in meinen von sieben Männern geschlagenen Wunden
hausten.
Männlich will ich nicht werden,
aber ich danke dir, dass du mich ebenbürtig machst den
Männern,
dass du mir eine neue Bedeutung in ihrer Mitte schenkst,
dass du mir von deinem starken Animus in die Seele gibst.
So gib doch nun auch in die Seele des Petrus von deiner starken
Anima,
dass sich Mut und Anmut in jedem von uns vermählen,

auf dass nun jeder Mann und jede Frau ein ganzer Mensch
werde,
ein geeinter, ein versöhnter, ein autonomer, ein Gottesmensch.

Ich danke dir, dass du mich, eine Erniedrigte, dir selber
ebenbürtig machst,
da du, Lebendiger, mit mir schon jetzt den Geist des Lebens
teilst,
so dass nun Braut und Bräutigam des Himmelreiches irdisch in
Erscheinung treten.«

Dies soll das Ende des »Evangeliums nach Thomas« sein?
Gerade dieses? Zufall oder Absicht? Rückfall oder Fortschritt?
Vielleicht doch der Gipfel jedes Evangeliums:
Frohe Botschaft von der Menschwerdung des Menschen,
von der Einswerdung und Ganzwerdung des Menschen
im Rahmen der Evolution des Himmels und der Erde.

Zweiter Teil

Das Thomasevangelium – sein Schicksal, seine Gestalt und sein Gehalt

I. Das Schicksal und die Gestalt des Thomasevangeliums

Eine spannende Geschichte von Verbergung und Entdeckung

Es war im Dezember 1945. Der Zweite Weltkrieg war zu Ende. Europa saß auf seinen Trümmern und suchte eine neue Zukunft. Da tauchte aus der Tiefe der Geschichte, aus dem orientalischen Wurzelgrund des Christentums der zukunftsträchtige Schatz des Thomasevangeliums auf. Aber erst nach einem halben Jahrhundert eines globalen Materialismus und Ökonomismus, einer Zeit der Religions-Vergessenheit oder Verkirchlichung von Religion, in einer Zeit des religiösen Fundamentalismus oder der beliebigen neureligiösen Esoterik kommt uns wie gerufen der Schatz aus den Dunkelkammern der Wissenschaftler ins größere Licht der Öffentlichkeit. Jetzt ist die Zeit da, wo wir bedürftig und bereit sind für eine neue Art von Evangelium, für eine uralte Heilsbotschaft. Hätte sich das jener koptische Mönch, der die Bücher seines Klosters vielleicht mit Tränen in den Augen und Gebeten auf den Lippen vor etwa 1650 Jahren vergraben hat, träumen lassen?

In Chenoboskion, nahe des ägyptischen Ortes Nag Hammadi, 60 Kilometer nördlich von Luxor, reitet der Bauer Mohammed Ali Samman mit sechs seiner Beduinenbrüder auf Kamelen zu den Jabal-al-arif-Felsen. Sie wollen dort nach natürlichem Dünger suchen, nach der fruchtbaren rötlichen Erde *Sabakh*. Beim Graben stoßen sie auf ein Grab, darin ein Skelett, neben ihm ein großer verschlossener Tonkrug. Sie überwinden die Furcht, es könnte sich ein böser Geist des Toten in dem Krug befinden. In der Hoffnung auf einen Goldschatz zerschlagen sie das versiegelte, einen Meter hohe Gefäß und finden »nur« 13 in Leder gebundene Papyrusbücher, so genannte *Codices*. (Übrigens die bisher ältesten Bücher der Menschheit – vorher gab es nur Schrifttafeln oder Schriftrollen.) Die Bücher werden zu Hause als Brennmaterial auf einen Strohhaufen geworfen. Mohammeds Mutter nimmt einige Seiten zum Feuermachen. Ganz geheuer ist Mohammed der Fund jedoch nicht. Und weil er zudem eine polizeiliche Hausdurchsuchung befürchtet, da er kurz zuvor einen Rachemord am Mörder seines Vaters begangen hat, vertraut er die Bücher dem koptischen Priester Al-Qummus Basiliyus an. Von da gelangen sie in die Hände des Geschichtslehrers Raghib, von da auf die verschlungenen Wege der Behörden, Antiquitätenhändler, Schmuggler und Mitarbeiter des Koptischen Museums Kairo. In diesem Museum befinden sich jetzt die Sammelcodices I bis XIII, insgesamt 52 Manuskripte religiösen und philosophischen Inhalts in koptischer Sprache. Koptisch ist eine ab dem 2. Jahrhundert entstandene Sprache der christlichen Nachfahren der alten Ägypter. (Die Araber sagten zu den unterworfenen Ägyptern *Gybs*. Daraus wurde *Kopt[en]*.) Außer dem für uns wichtigsten Buch, dem Thomasevangelium (Nr. 7), enthielt der große Krug Texte wie das »Evangelium der Wahrheit« (Nr. 3), das »Buch des Thomas« (Nr. 12), die »Sophia Jesu Christi« (Nr. 16), die »Apokalypse des Adam« (Nr. 24), die »Apokalypse des Petrus« (Nr. 35), die zwei Apokalypsen des Jakobus (Nr. 21 und 22), aber auch Platos Schrift über den Staat (Nr. 29) – um nur einige von den 52 Schriften zu nennen. Erst nach zehn Jahren wird durch den niederländischen Religionswissenschaftler Gilles Quispel die Bedeutung des Fundes erkannt. In seinem Hotelzimmer in Kairo entziffert er im Frühjahr 1955 die siebte Handschrift in Codex II, 114 Sprüche mit grie-

chischen Buchstaben im sahidischen Dialekt der koptischen Sprache geschrieben, und liest in höchster Überra-
schung: »Dies sind die geheimen Worte, die Jesus der Lebendige sprach und die Didymus Judas Thomas
aufgeschrieben hat.«

Die Existenz eines Thomasevangeliums war längst bekannt. Die Kirchenväter Hippolyt (um 230), Origines
(um 233), Eusebius (gest. 339) und Hieronymus (um 400)
zitierten und bekämpften es, weil sie meinten, es enthalte
gnostische Irrlehren. Es lag ihnen in griechischer Sprache
vor und zirkulierte offenbar in zwei Fassungen: einer
mehr kirchlich-orthodoxen und einer mehr gnostisch-
häretischen. Außerdem entdeckte man 1897 sowie 1903
in Oxyrhynchos, einer Stadt in Mittelägypten, erstmals
einige Fragmente des griechischen Thomasevangeliums
(die Logien 1–7, 26–33, 36–39). Das bisher bekannte und
doch unbekannte, verloren geglaubte Thomasevangelium war nunmehr mit dem Jahre 1945 vollständig ans
Licht gekommen, wenn auch nicht in seiner griechischen
(geschweige denn aramäischen) Originalsprache, sondern in einer koptischen Übersetzung.

Die Bücher sind ein Teil (oder der Gesamtbestand?) einer koptischen theologisch-philosophischen Bücherei eines christlichen Klosters, das sich seiner christlich-gnostischen Literatur entledigt hatte. Die Bücher stammen
ihrem sprachlichen und archäologischen Charakter nach
aus der Zeit um 350. »Beerdigt« wurden sie offenbar um
die Mitte des 4. Jahrhunderts. Aus welchen Gründen?
Krieg oder Verfolgung? Die Schriftrollen von Qumran,
1947 von einem beduinischen Ziegenhirten am Toten
Meer entdeckt, wurden wegen des Herannahens der römischen Armee im jüdisch-römischen Krieg (68 n. Chr.)
von jüdischen Ordensgemeinschaften versteckt. Anders
die frühchristlich-gnostischen Bücher von Nag Ham-

madi: In einer Glaubensverfolgung durch die »rechtgläubige« Kirche versteckten die gnostischen Christen ihren Bücherschatz. Offenbar war die ganze ägyptische Kirche im 2. Jahrhundert »falschgläubig« (häretisch), nämlich gnostisch orientiert. Darum schweigen sich alle Quellen, besonders auch der erste Kirchengeschichtsschreiber Eusebius, über die blühende ägyptische Kirche vielsagend aus. Vermutlich geschah Folgendes: Kaiser Konstantin begünstigte ab 313 die christliche Kirche von Staats wegen, soweit sie katholisch-orthodox und nicht arianisch oder gnostisch war. Er ließ seinen oströmischen Kollegen Licinius ermorden und wurde im Jahre 325 Alleinherrscher. Daraufhin benutzte er die Kirche als Einheitsband für sein kulturell stark gemischtes Großimperium und berief noch im selben Jahr ein erstes Ökumenisches Konzil in seine kleinasiatische Residenz Nicea. Dort wurde der Sieg der katholischen (allgemeinen), orthodoxen (rechtgläubigen) Kirche theologisch und später auch politisch besiegelt. Ab 325 bestand damit eine erhöhte Gefahr nicht nur für den arianischen Zweig der Kirche (Christus ist Gott ähnlich, aber nicht Gott gleich), sondern auch für alle anderen frühchristlichen Strömungen wie die charismatische Prophetie oder die gnostische Mystik. Offensichtlich wurde allmählich auch in der römischen Provinz Ägypten der politische und theologische Druck so groß, dass manches koptische Kloster sich nun seiner esoterischen Bibliothek entledigte. Jedenfalls hatte Athanasius, der große orthodoxe Bischof des ägyptischen Alexandrien und Konzilsvater von Nicea, in einem Hirtenbrief zum Osterfest des Jahres 367 angeordnet, dass die christlichen Gemeinschaften alle Apokryphen, die nicht apostolischen Ursprungs waren, zu vernichten hätten.

Die etwa 800 Texte aus Qumran (1947 und 1956 aus elf Höhlen geborgen) vertiefen und bereichern unser Wissen vom antiken *Judentum* zur Zeit Jesu auf überraschende Weise. Eine Vielfalt von Gruppen, Gemeinschaften, Sekten und Spiritualitäten ist sichtbar und lesbar geworden. Es zeigt sich: Die Entstehung des Christentums ist ganz eingebettet in dieses fruchtbare Feld der jüdischen Religion. Ganz anders der Fund von Nag Hammadi (1945, 52 Texte): Er vertieft und bereichert unsere Kenntnis des frühen *Christentums,* und zwar auf ebenso unvermutete Weise. Eine spirituelle Vielfalt von Gruppen und Gemeinden mit ihrer reichen Evangelienliteratur ist sichtbar und lesbar geworden. Wir finden fließende Übergänge zwischen christlich-katholischer und christlich-gnostischer Spiritualität.

Über die Entstehungszeit des Thomasevangeliums lassen sich – wie auch bei den biblischen Evangelien – nur Vermutungen anstellen. In jüngster Zeit neigt die Mehrheit der Forscher zu einer sehr frühen Datierung, nämlich nicht ins 2., sondern schon ins 1. Jahrhundert. Klaus Berger setzt es z. B. etwa gleichzeitig mit dem Matthäusevangelium zwischen 70 und 80 n. Chr. und hält, wie die meisten Forscher, viele der Sprüche für echt jesuanisch. Er begündet seine Datierung damit, dass man *erstens* kaum eines der 114 Logien gnostisch deuten muss. Es deutet ja auch niemand das Jesuswort in Mt 11,25ff gnostisch, wenn es im so genannten »Heilandsruf« heißt: »Niemand kennt den Sohn als nur der Vater und niemand kennt den Vater als nur der Sohn und wem es der Sohn offenbaren will.« Verborgenheit und Offenbarung des Heilandes/Erlösers und seine Einladung an die mühseligen, entfremdeten Seelen zur »erquickenden« Erkenntnis des Vaters, kurz zur »Gnosis« – das ist ja eine apostolische, nicht nur gnostische Aussage.

»Thomas« ist *zweitens* eine oft nur stichwortartig angeordnete Sammlung von Jesussprüchen, die ursprünglich mündlich in der aramäischen Muttersprache Jesu tradiert und dann schriftlich in die damalige Weltsprache Griechisch und von dort ins Koptische übersetzt wurde. Somit ist »Thomas« die Urform einer Spruchsammlung ohne Erzählungen über Jesu Tun und Leiden. Erst Markus hat das erste Erzählevangelium geschrieben. Es ist hinzuzufügen, dass uns etwa dreiviertel der Jesusworte in »Thomas« von den drei synoptischen Evangelien her bekannt sind. Allerdings bietet er die Logien in einer von diesen Evangelien unabhängigen Fassung. Oft liegt sogar eine ursprünglichere, von späteren Zusätzen freie Urform vor, wie Reinhard Nordsieck überzeugend nachweist.

Logion 12 beschreibt *drittens* die Autorität des Herrenbruders Jakobus als in der Urgemeinde noch in Kraft stehend. Das lässt vermuten, dass Jakobus noch zur Zeit der Entstehung der Spruchsammlung lebt. Dies würde uns in die Zeit vor das Jahr 70 führen, als der jüdisch-römische Krieg begann und die Urgemeinde von Jerusalem ins Ostjordanland nach Pella auswanderte, wo sich ihre Spur verliert.

Daraus folgt: Wenn »Thomas« hellenistisch-gnostisch interpretiert wird (so der liberale Gerd Lüdemann oder der evangelikale Michael Green), dann gehört es der zweiten Hälfte des 2. Jahrhunderts an. Wenn es palästinensisch-judenchristlich gelesen wird (so Nordsieck), dann ist es im selben Zeitraum geschrieben worden wie die biblischen Evangelien. Es ist jedenfalls jünger als der zweite Petrusbrief, die beiden Timotheusbriefe oder der Judasbrief. Darum erhebt sich hier für den nächsten Abschnitt die Frage nach der Entstehung des biblischen Bücherkanons.

Eine heikle Geschichte vom neutestamentlichen Bücherkanon

Warum ist »Thomas« nicht in den biblischen Bücherbestand aufgenommen worden?

Erstens, weil es keine Geburts-, Wunder-, Passions- und Ostergeschichten bietet.

Zweitens, weil zur Zeit der Kanonbildung die christliche Gnosis als eine Verfälschung der orthodoxen Christusbotschaft, ja als eine innere Bedrohung der katholischen Kirche empfunden wurde und alles, was irgendwie nach Gnosis zu riechen schien, abgelehnt wurde.

Drittens, weil die Logien 1, 13 und 14 eine Vorzugsstellung des Apostels Thomas vor Petrus andeuten und weil »Thomas« im Unterschied zu »Johannes« nicht ein gehorsames »Glauben«, sondern ein inneres »Sehen« als Thema der Nachfolge Jesu hervorhebt. Wir kennen ja auch die Konkurrenz zwischen Johannes und Petrus (Joh 20,33ff und 21,15ff) und den berühmten Streit zwischen Paulus und Petrus (Gal 2) sowie die theologische Kritik des Jakobusbriefes an Paulus. Die Urchristenheit hatte kein Einheitsgesicht, sondern war eine lebendige, streitfähige Ökumene.

Viertens, weil bei »Thomas« mindestens eine der drei Bedingungen fehlte, die die Kirchenväter im Verlauf der jahrzehntelangen antignostischen Kanonbildung stellten:

a) Ist ein Buch »apostolisch« (besitzt es eine historische Bezeichnung für Herkunft aus der Apostelzeit)?

b) Ist ein Buch »katholisch« (besitzt es eine geografische Bezeichnung für Schriften, die am meisten und weitesten verbreitet waren)? »Katholisch ist, was immer, was überall und was von den meisten geglaubt wird«, meint noch im 5. Jahrhundert der Mönch Vinzenz von Lerinum.

c) Ist ein Buch »orthodox« (besitzt es eine inhaltliche Bezeichnung für rechtgläubig im Sinne der Ökumenischen Konzilsbekenntnisse)?

Könnten wir uns heute »Thomas« als Buch im Neuen Testament vorstellen?

Heute würden wir dreierlei sagen:

a) Dies Evangelium widerspricht nicht den verschiedenen Christusbildern und Christologien, die sich im Neuen Testament in ökumenischer Vielfalt finden, sondern bestätigt und ergänzt sie.

b) Es ist nicht zu beweisen und nicht zu widerlegen, aber es ist denkbar, den Apostel Thomas oder einen seiner Schüler für den Sammler und Schreiber der 114 Logien zu halten.

c) Der durch höhere Fügung wieder aufgetauchte »Thomas« ist inzwischen weltweit bekannt und beliebt; er bereichert innerhalb und außerhalb der Kirche eine auf »Jesus den Lebendigen« bezogene Weisheitsspiritualität.

In Ravenna, im Mausoleum der Kaisertochter Galla Placidia aus dem 5. Jahrhundert befindet sich auf einem Mosaikbild die Darstellung eines hochbeinigen Schränkchens mit geöffneten Türen. Im obersten Fach liegen zwei Bücher, »Markus« und »Lukas«, im mittleren Fach »Matthäus« und »Johannes«. Das untere Fach ist einladend leer. Platz für »Thomas«? Schade, dass die Kirchenväter diesen ökumenischen Schatz der frühen Kirche zusammen mit allerhand philosophischen Erlösungslehren und fantastischen Apostelromanen verworfen haben.

Wer waren die wichtigsten Kirchenväter der Kanonbildung?

Irenäus, um 180 Bischof in Lyon, war der eifrigste der Antignostiker und Schüler des greisen Märtyrerbischofs Polykarp von Smyrna (eines Schülers des Johannes).

Tertullian, gest. 220, aus Karthago stammend, war der erste Theologe, der nicht griechisch, sondern lateinisch schrieb und als erster den Begriff »Novum Testamentum« prägte für eine Sammlung von Büchern, die noch nicht die 27 heutigen Schriften enthielt.

Clemens von Alexandrien lehrte um 200 an der berühmten alexandrinischen Katechetenschule in Ägypten und war der hellenistisch-christlichen Gnosis nicht völlig abgeneigt.

Eusebius, der Bischof von Caesarea, war der erste Kirchengeschichtsschreiber nach Lukas, allerdings im Interesse der Reichskirche. Kaiser Konstantin bestellte bei ihm für das Jahr 337 fünfzig Exemplare von sorgfältig kopierten »Einheitsbibeln«, um die Kircheneinheit als Untermauerung der politischen Reichseinheit zu sichern.

Athanasius (297–373) war der hochberühmte Bischof von Alexandrien und Hauptgegner des Arius. Er war der wichtigste Konzilsvater von Nicea. Von seinem Hirtenbrief gegen die gnostischen Bücher zum Osterfest des Jahres 367 war schon aus S. 186 die Rede. Mit diesem Brief gilt die Liste der 27 als apostolisch angesehenen Bücher bis heute als abgeschlossen.

Die Kirchenväter waren in der Bewertung der umlaufenden Bücher unterschiedlicher Meinung. Aber sie pflegten die wachsende Menge des christlichen Schrifttums in vier Gruppen einzuteilen:

a) Allgemein als apostolisch anerkannte Bücher (die vier Evangelien und 14 Paulusbriefe).

b) Umstrittene, aber von vielen Gemeinden benutzte Bücher (Jakobus-, Judas- und Zweiter Petrusbrief, Offenbarung des Johannes).

c) »Unechte« Bücher, die aber wenigstens keine eklatanten Irrlehren enthielten (Hirt des Hermas, Barnabasbrief, die Zwölfapostel-Lehre, genannt Didache).

d) Gnostische Bücher mit pseudoapostolischer Verfasserschaft oder häretischen Erlösungslehren (offenbar viele Evangelien und Apostelgeschichten, wie sie auch in Nag Hammadi gefunden wurden).

Die Kanonbildung war der seelsorgerlich begründete und geschichtlich erfolgreiche Versuch, einer Fülle von fantasierenden Theosophien kritisch zu begegnen. Im Vergleich mit der vom Staat kommenden Christenverfolgung, durch welche die rasche Ausbreitung des Christentums nur gefördert wurde, erschien den Kirchenvätern die innerkirchliche Bedrohung durch die hellenistische Religionsvermischung viel gefährlicher. Außerdem scheint ihnen noch der »marcionitische Schock« des Jahres 144 in den Gliedern gesessen zu haben: Der Christ Marcion, ein reicher, gebildeter kleinasiatischer Schiffsreeder hatte nach seiner Exkommunikation eine »Reformkirche« gegründet, deren Gemeinden noch im 3. Jahrhundert vom Euphrat bis zur Rhone verbreitet waren. Er schuf eine »entjudaisierte« Bibel, in der es kein Erstes Testament mehr gab, weil der Gott der Juden ein stümperhafter Schöpfer und nicht der Vater Jesu Christi sei; er duldete nur ein einziges Evangelium, nämlich das von Judaismen gereinigte Lukasevangelium, und nur zehn Paulusbriefe. Paradoxerweise war also ein gnostizierender Irrlehrer der Erfinder und erste Schöpfer eines geschlossenen Bücherkanons. Übrigens hat die Alte Kirche außer der Kanonbildung noch zwei weitere, damals wohl notwendige, im Verlauf der Geschichte aber einseitig fixierende Maßnahmen ergriffen: Das monarchische Amt anstelle der Vielfalt der charismatischen Dienste und das weströmische Glaubensbekenntnis anstelle einer Vielfalt von Christusbekenntnissen. Das Ergebnis war die frühkatholische Kirche, vor die auch Luthers Reformation nicht zurückgehen wollte.

Doch was brauchen wir in unseren Kirchen heute? Eine Rückbesinnung auf das Neue Testament in der Sicht der altkirchlichen Bekenntnisse, wie es das Jesusbuch von Joseph Ratzinger will (Dogmatik statt Liberalismus)? Oder eine Rückkehr zur Substanz der ursprünglichen Jesusbewegung (Spiritualität statt Institutionalismus, also z. B. die Bergpredigt als Befreiungsbotschaft und als Lebensstil)? Oder mehr eine interreligiöse Grenzerweiterung (Mystik, gegen die Verfeindung der Religionen)? Oder gar alles zugleich – das eine tun und das andere nicht lassen? So oder so: Das Thomasevangelium ist in jedem Fall eine wichtige Hilfe dazu.

Eine ungewohnte Evangeliumsgestalt

»Dies sind die geheimen *Worte…*«, so beginnt das Thomasevangelium im Prolog. Es handelt sich also um eine Sammlung von Aussprüchen, nicht von Taten oder dem Leiden Jesu. Das spontane Wort eines spirituellen Lehrers nennt man ein »Logion«. Etwa drei Viertel der Logien Jesu sind Parallelen zu Jesusworten in den vier Evangelien, bisweilen sogar in einer ursprünglicheren Fassung ohne die dortigen späteren Erweiterungen. Etwa ein Viertel der Logien sind neu und neuartig, im Kern aber typisch jesuanisch. Mehrere Logien haben eine mystische, paradoxe Fassung bekommen.

Aber warum fehlen Heilungs- und Wunderberichte, Passions- und Ostererzählungen? Hierfür sind drei Antwortmöglichkeiten denkbar: Entweder setzt »Thomas«

die vier neutestamentlichen Erzählungen als bekannt voraus, oder diese sind ihm als zeitlich spätere und geografisch ferne Texte noch unbekannt, oder aber für ihn liegt der Offenbarungs- und Erlösungscharakter Jesu vor allem in seiner Botschaft, nicht so sehr in seiner Biografie. Im letzten Fall will er keine Frohbotschaft *über* Jesus vermitteln, sondern die Frohbotschaft *des* Jesus. Vielleicht aber sammelte »Thomas« nur Aussprüche, weil man sich diese nicht so leicht merken konnte wie die geläufigeren Erzählungen.

Übrigens: Der Forschung ist der sehr frühe Gattungstyp eines Spruchevangeliums schon lange bekannt: Die so genannte Logienquelle »Q«, deren Verfasser unbekannt blieb und die verloren gegangen ist, aber den Autoren »Matthäus« und »Lukas« identisch vorgelegen haben muss. »Markus« hat sie nicht gekannt, darum kennt er beispielsweise auch keine Bergpredigt Jesu. Das Q-Evangelium lässt sich also rekonstruieren aus den Logien, die Matthäus und Lukas gemeinsam haben. »Q« gilt als »das Produkt der juden-christlichen Jesusbewegung, die in Galiläa und Syrien jahrelang die Botschaft Jesu weiter verkündigte« (Robinson, S. 39). »Q« dürfte im westsyrischen Raum entstanden sein, »Thomas« im ostsyrischen. »Markus« schrieb für den weströmischen Bereich und war der erste, der die Verkündigung Jesu mit einer nach den Leidenspsalmen gestalteten Passionserzählung kombiniert hat, wohl ahnend, dass er eine neue Literaturgattung geschaffen hatte.

Der Prolog bezeichnet die Logien Jesu als »*geheime*« Worte. Verrät dieses Eigenschaftswort die typische, elitäre, hermetisch verbergende Geheimniskrämerei der Gnostiker? Davon ist bei »Thomas« keine Rede. Jesus redet hier zwar nicht öffentlich zur Volksmenge, aber offen zum offenen Schülerkreis. Das ist in etwa vergleichbar

mit den johannäischen Abschiedsreden Jesu im Abend-
mahls-Saal. Zudem beauftragt Jesus auch bei »Thomas«
seine Jünger, das, was sie von ihm hörten, öffentlich »von
den Dächern« zu verkünden (Log 33). Ganz prinzipiell
sagt Jesus schon zu Beginn (Log 1): »Wer die Bedeutung
dieser Worte findet, wird den Tod nicht schmecken.« Im
koptischen Text steht hier für »Be-Deutung« das aus dem
Griechischen übernommene Fremdwort *hermeneua*. Die
Hermeneutik ist die schier heilige Kunst des Deutens
und Dolmetschens, bei Paulus ein Charisma des Heiligen Geistes (1 Kor 12,10), bei den Griechen eine Funktion
des geflügelten Götterboten »Hermes«. Auch »Thomas«
ist, wie die ganze Bibel, keine Geheimschrift. Die Bibel ist
ein Volksbuch, ein Menschheitsbuch, kein Kirchenbuch,
verstehbar ohne priesterliches Herrschaftswissen und
ohne fehlbares oder unfehlbares Lehramt. Sie legt sich,
so Luther, selber aus, wenn man sie nicht sosehr mit dem
Verstand als mit der Begier des Herzens liest. »Anfechtung lehrt, auf das Wort merken« – das ist Luthers her-
meneutisches Prinzip. Was »Gnade« ist, versteht nur der
Betroffene, der weiß, dass er ein Sünder ist.

Doch der Prolog sagt auch etwas über den Autor und
Sprecher der Logien aus. Hier spricht »*Jesus der Lebendige*«. Ist das der authentische historische Jesus? Nach
zweihundert Jahren fragwürdiger Jesusforschung sagt
man heute: Der historische Jesus ist nur der Jesus der je-
weiligen Historiker. Der Entscheidungsspielraum für
das, was typisch jesuanische und was typisch nachöster-
liche Gemeindesprache ist, gilt als riesig. Es gibt zwar die
historisch-kritische Methode der Bibelforschung, aber
nicht die übereinstimmenden Forschungsergebnisse.
Aus dieser Not macht Joseph Ratzinger (ausdrücklich
nicht als Papst, sondern als Professor) in seinem glänzend geschriebenen Jesusbuch eine wissenschaftlich

nicht erlaubte Tugend, wenn er behauptet, dass der nachösterlich geglaubte und verkündete Christus voll inhaltlich identisch sei mit dem historischen Jesus, ja mit dem jüdisch erwarteten Messias.

Nun fehlt im ganzen »Thomas« der später so geläufige Titel »Christus«. Nicht einmal bei Jesu Frage an die Jünger, für wen sie ihn halten, kommt er vor (Log 13)! Dem jüdisch-politischen Christustitel gegenüber (Messias) verhielt sich Jesus immer sehr spröde. Seine Selbstbezeichnung war offenbar »Der Menschensohn«. Warum heißt nun Jesus im Prolog »Der Lebendige«? Diese Bezeichnung findet sich so durchgehend nur bei »Thomas«, außer einmal in der Apostelgeschichte des Lukas (1,3): »Jesus zeigte sich nach seinem Leiden durch viele Beweise als *der Lebendige* und ließ sich unter ihnen sehen 40 Tage lang und redete mit ihnen über das Reich Gottes.« Insofern gehört ein Teil der Logien theologisch gesehen zu den Reden des Auferstandenen. Jesus der Lebendige, das ist »Jesus Christus gestern und heute und derselbe auch in Ewigkeit«. (Hebr. 13,8)

Ihr Sucher nach dem historischen Jesus, »was sucht ihr *den Lebendigen* bei den Toten«? (Lk 24,6) In den johannäischen Abschiedsreden sagt Jesus: »Ich habe euch noch viel zu sagen. Aber ihr könnt es jetzt (noch) nicht ertragen. Wenn aber der Geist der Wahrheit kommen wird, wird er euch in alle Wahrheit leiten.« Johannes schließt sein Buch mit der Bemerkung: »Die Welt würde die Bücher nicht fassen, wenn alles aufgeschrieben würde, was Jesus tut und sagt.« Gut, dass »Thomas« aufgeschrieben hat, was er (vor- und nach-österlich) gehört hat.

Damit sind wir beim letzten Hinweis des Prologs: »*Didymus Judas Thomas*« hat sie (die bis jetzt verborgenen Worte Jesu) aufgeschrieben.

Wer ist dieser Thomas? »Thomas« ist ein aramäischer Name und bedeutet dasselbe wie der griechische Ausdruck *didymos,* auf Deutsch »Zwilling«. Nicht zu verwechseln mit *di-psychos,* dem zweifelnden, gespaltenen Zwei-Seelen-Mensch (Jak 1,8)! Thomas ist nicht der »Ungläubige Thomas«, sondern der »Zwilling«. Ein Judas kommt im Zwölferkreis außer dem »Verräter« Judas Iskariot nicht vor, es sei denn in Joh 14,22, wo es ausdrücklich heißt: »Da sprach Judas, nicht der Iskariot, zu Jesus …« Die altsyrische Übersetzung dieser Stelle fügt zu diesem Judas ausdrücklich »der Zwilling« hinzu. In jedem der drei ersten Evangelien kommt ein Thomas nur in den Listen der Apostel vor, »je zwei und zwei«. Thomas ist dort immer gekoppelt mit Matthäus. In Joh 11,16 wird er eingeführt mit der Bemerkung: »Thomas, den sie den Zwilling nannten.« Ein Spitzname, weil dieser Jünger seinem Meister ähnlich sah oder sein wollte? Bei Johannes kommt Thomas dreimal schlecht weg. Auf dem Weg zum Lazarusgrab sagt er enthusiastisch oder depressiv: »Lasst uns mit Jesus gehen, damit wir mit ihm sterben!« Im Saal der Abschiedsreden versteht er als einziger den Weggang Jesu zum Vaterhaus nicht, so dass Jesus speziell zu Thomas sagen muss: »Der Weg zum Vater bin ich selber!«

Schließlich fehlt er als einziger, mutlos oder mutwillig, am Osterabend im Kreis der Jünger, so dass Jesus extra wegen ihm acht Tage später noch einmal erscheint. Das alles klingt so, als ob Johannes gegenüber Thomas eine kritische Position einnimmt. Steht im Hintergrund eine Polemik zwischen der Spiritualität der Thomasgemeinden Ostsyriens (Edessa) und der Spiritualität der Johannesgemeinde Westanatoliens (Ephesus)? Weil es nun unter den leiblichen Brüdern Jesu auch einen Judas gab (Mk 6,3), haben die so genannten Thomasakten des 3. Jahrhunderts kühn erzählt, Judas, der Thomas, sei der leibliche Zwillingsbruder Jesu und wie er Zimmermann gewesen (in der Ikonografie wird Thomas oft mit Winkelmaß und Zirkel dargestellt!). In der Konsequenz hieße das, Maria habe Zwillinge geboren, zuerst Jesus als Erstgeborenen, dann den Judas. »Zwilling« aber hat ja auch eine geistliche bzw. eine astrologische und esoterische Bedeutung.

Was ist die Nachwirkung des legendär gewordenen Thomas?

Heute noch wird unter den so genannten Thomas-Christen in Südwestindien die altkirchlich bezeugte Tradition gepflegt, ihre altorthodoxe Kirche sei aus der Missionsarbeit des Apostels Thomas hervorgegangen. Nach einer seit dem Mittelalter nachweisbaren Überlieferung wird von dieser Kirche ein angebliches Apostelgrab an der Stätte des Thomasmartyriums in Mylapore bei Madras heilig gehalten. Wahrscheinlich aber ist, dass das Christentum erst um 300 aus Persien und Ostsyrien nach Indien gekommen ist. Das ostsyrische Edessa, heute das irakische Urfa, ist der Ort, von dem die Thomasakten erzählen, welche Wunder Thomas dort gewirkt habe und dass schließlich seine Gebeine dort zur Ruhe gebettet wurden. Solche erbauliche frühchristliche Literatur nach dem Vorbild der lukanischen Apostelgeschichte enthält trotz gnostischer Färbung keine unkirchliche Irrlehre. Sie hat aber keine große historische Glaubwürdigkeit.

Im Anhang ist das so genannte »Perlenlied« zitiert, mit dem der Missionar Thomas im Gefängnis die anderen Gefangenen tröstete. Es ist das wohl schönste Lied der gnostischen Literatur. Die Dichtung »Das Buch Thomas des Wettkämpfers« (zum Fund von Nag Hammadi gehörig) beginnt folgendermaßen:

»Dies sind die geheimen Worte, die der Heiland zu Judas, genannt Thomas, sprach. Ich, Matthäus, habe sie selbst aufgeschrieben. Während ich auf dem Wege war, hörte ich sie, wie sie miteinander sprachen. Der Erlöser sprach: Bruder Thomas, höre mich an, solange für dich noch Zeit ist auf Erden. Ich will dir offenbaren, worauf sich dein Geist gerichtet hat in deinem Herzen. Denn du giltst als mein Zwillingsbruder und wahrer Freund. Forsche daher in dir und erkenne, wer du bist, wer du gewesen bist und wer du werden wirst. Man nennt dich meinen Bruder: Also darfst du nicht in Unwissenheit über dich selbst bleiben. Wer sich selbst nicht erkennt, hat nichts erkannt. Wer sich selbst erkennt, erkennt die Tiefen des Alls …« (Nach Dietzfelbinger, S. 227). Der Text hat starke Bezüge zu Logion 13 und Logion 67 und setzt sie voraus.

II. Die Botschaft und der Gehalt des Thomasevangeliums

Reich Gottes und Welt in der Einswerdung – eine Mystik der Wirklichkeit

Die nun folgenden Abschnitte über Botschaft und Gehalt des Thomasevangeliums zeigen, dass es zwar immer um den mystischen Prozess der Einswerdung, der möglichen Aufhebung der Dualismen geht, aber immer unter verschiedenen Aspekten. Immerhin, noch radikaler als die biblischen Evangelien betont »Thomas«: Das Königreich ist jetzt! Nordsieck meint, das ganze Evangelium ruhe auf drei Hauptpfeilern: Logion 3 am Anfang, Logion 103 am Ende und Logion 51 in der Mitte. Das Königreich an sich ist zwar immer und überall, aber für uns ist es jeweils nur jetzt, nicht dort, nicht gestern, nicht morgen, nicht droben bei den Spatzen, nicht drunten bei den Fischen. Es ist bereits ausgebreitet über die Erde. Die neue Welt ist schon da. Aber die Menschen der Finsternis sehen es in ihrer Blendung nicht. Mit erleuchteten Augen gesehen, also mit den erbarmenden Augen des Vaters der höchsten Liebe, sehen wir es überall. Wir sind eingeladen, die gesamte Weltwirklichkeit als vom göttlichen Geist gewirkt und durchtränkt zu erkennen. Das Königreich ist ein alles erfassender Sauerteig in der Mehlschüssel der Welt (Log 96), ein winziges Senfkörnlein, das zum Vogelbaum wird (Log 20), ein seit Generationen in der Tiefe der Geschichte verborgener Schatz (Log 109), eine gute Saat, die längst vor dem Unkrautsamen in den Acker der Menschenherzen gelegt ist (Log 57). Dies alles klingt zwar prozesshaft, aber in der blitzartigen Erleuchtung sehen wir je und je schon die Vollendung. Fast pantheistisch klingt es, wenn Jesus sagt: »Ich bin das Licht, es ist überall.« Spaltet ein Holz – ich bin da; hebt einen Stein auf – ihr findet mich (Log 77). Das ist eine spirituelle Aha-Erkenntnis (Gnosis), eine Wesensschau (Mystik). Es ist nicht nur griechisches Denken, es ist älter, es ist hebräisches Denken. Man denke an die Offenbarung bei der visionären Berufungs-Audition des Propheten Jesaja, an den Sanctus-Gesang der Cherubim: »Alle Lande sind voll *seiner* Herrlichkeit.« Mit dem Verstand sehen wir die Welt grau in grau, als Optimisten rosa, als Pessimisten schwarz. Mit dem Herzen, auf einer tieferen Bewusstseinsstufe sehen wir sie mit dem Auge Gottes und erkennen die ganze Welt als »Schau-Platz« seines Königreiches. Der chassidische Rabbi Chanoch sagte, im Unterschied zu den Heidenvölkern, die glauben, dass es eine diesseitige und eine jenseitige Welt gebe, bekennt Israel, »dass beide Welten im Grunde *eine* sind und dass sie eins werden sollen«. (Buber, Erzählungen, S. 841) Dietrich Bonhoeffer wendet sich in seiner »Ethik« gegen das »Denken in zwei Räumen«. Er betont: Es ist nach der Menschwerdung Gottes in Christus eine Abstraktion, die Weltwirklichkeit ohne die Christuswirklichkeit zu sehen. »Der Mönch will Christus ohne die Welt, der Kulturprotestant will die Welt ohne Christus … oder der Mensch will in beiden Räumen zugleich stehen und wird damit der Mensch des ewigen Konfliktes.« So verstehen wir, was Jesus in Logion 28 sagt: »Ich stand in der Mitte der Welt und habe mich ihnen im Fleisch offenbart.«

Aber warum erkennen wir die Welt nicht als das Königreich des Vaters? Jesus erklärt: »Ich fand sie alle betrunken vor … und meine Seele hat für die Söhne der Menschen gelitten … weil sie blind sind in ihrem Herzens … Erst wenn sie den Wein ausgeschieden haben, wird sich ihr Wesen ändern.« (Log 28)

Diese »Denk-Änderung« (*Meta-Noia*) besteht also darin, dass wir unsere wahnhaften Projektionen (*Para-Noia*) erkennen und stocknüchtern werden, frei von allen Ideologien, Indoktrinierungen, Fixierungen, Süchten und Leidenschaften. Gewiss ist auch die Gnosis eine »Brille«, aber ohne eine Deutung der Wirklichkeit kommen wir nicht aus. Entscheidend ist nur, welche Wirkung unsere Deutungen haben. Die frühen ägyptischen Wüstenväter übten sich in der »Gabe der Unterscheidung der Geister«. Sie erkannten: Alles, was uns befreit, nüchtern macht, tröstet und liebesfähig macht, stammt vom Geist der wahren Wirklichkeit. Alles, was uns besetzt, benebelt, fixiert, friedlos und hoffnungslos macht, stammt vom Geist der Täuschung und der Lüge. Die »Dämonen« (zwanghafte Automatismen) haben aber im Grunde keinerlei Macht, sie sind nur »Luft« (körperlose Luftgeister). Sie haben keine Körper, deshalb brauchen sie unsere Leiber und flößen uns zu deren Handlungen schlechte Stimmungen und Gedanken ein. Nur so kann sich das Böse in der Menschenwelt realisieren. Wir könnten die virtuelle Scheinmacht der »Dämonen« jederzeit in unseren Köpfen entlarven und entmachten. Denn das Königreich ist ja eigentlich schon da. Nur sind wir noch, wie Jesus sagt, »betrunken«.

Um unsere Wahrnehmungstrübung aufzulösen, müssen wir das geistliche Ringen, den so genannten spirituellen Krieg einüben. In Logion 98 gleicht das Königreich einem Menschen, der einen Tyrannen (das Böse in der Welt) töten will. Er sticht das Schwert der Unterscheidung der Geister zuerst gegen seine eigene Zimmerwand (gegen sein zwanghaftes Ego) und übt, bis seine Hand stark genug ist, die Trugbilder des Bösen auch in der Außenwelt spirituell (um Gottes willen nicht militärisch) zu besiegen. Ein ganz anderes Gleichnis vom Königreich meint letztlich dasselbe wie das Bild des Kriegers. Als Jesus einmal sieht, wie Säuglinge gestillt werden (Log 22) meint er: Wer so wie diese Kinder ganz im Sein, ganz hingegeben, ganz ungeteilt, ohne Dünkel und Hochmut ist, der wird sofort ins Königreich eingehen. Wer so ganz im Sein ist, der »erschafft« sich neue Augen, neue Hände und Füße, neue Sinne, mit denen er das Himmelreich nicht etwa »glaubt«, sondern »trinkt« und »schmeckt«. Von diesem »Ort« aus, in diesem Bewusstseinszustand, können wir »die Welt durchschauen«, die Welt als »Leichnam« und als Welt des neuen Lebens (Log 52, 56 und 80). Entweder wir werden selber bei lebendigem Leib zu einem »Leichnam« – oder wir gelangen zu unserer königlichen Würde. Es geht dabei nicht um einen religiösen Lebensstil. Mit Fasten und Beten würden wir nur »Sünde hervorbringen«, etwa die Egopflege des Stolzes über unsere Leistung (Log 14). Es geht hier und in Logion 104 um einen hochzeitlichen Lebensstil im Umkreis des Mysteriums des »Brautgemaches«. Dieses alte Symbol der orientalischen Liebesmystik steht nicht nur für die Vereinigung von Himmel [Sonne und Regen] und Erde [Ackerboden], sondern auch für die geistige Vereinigung von Schöpfer und Geschöpf. Diese Erfahrung ist von uns nicht machbar, aber wir bereiten uns darauf vor, indem wir uns von den falschen Ansprüchen der gesellschaftlichen Mächte wie Familie oder Staat frei machen, und zwar kraft der Energie eines heiligen »Hasses«. (Log 60)

Es ist aufregend zu sehen, dass »Thomas« als Gegensatz des Königreiches vornehmlich Reichtum und Macht benennt. Beide spalten die eine Welt in Obere und Untere, in Reiche und Arme. »Wer reich geworden ist, soll König werden. Und wer die Macht hat, soll ihr entsagen [können].« (Log 81) Wie in der Tradition der hebräischen Bibel, der griechischen Philosophie und in Übereinstimmung mit allen Kirchenvätern bis ins 19. Jahrhundert hinein verkündet auch »Thomas« das Zinsverbot. Es ist eine uralte Erfahrung, dass ein Zins, der über eine Leihgebühr im Rahmen des Inflationswachstums hinausgeht, die Gier erweckt und den Menschheitskörper krebsartig krank macht. »Wenn ihr Geld habt, verleiht es nicht gegen Zins, sondern gebt es dem, der es nicht zurückgeben wird.« (Log 95) Werde ich durch den Zins reicher, wird auf der anderen Seite der Welt irgendjemand ärmer werden müssen. Die Zinsgewinne muss ja irgendjemand bezahlen, letztendlich die Natur. Sie aber ist unser Boot, in dem wir alle sitzen. »Käufer und Händler«, die keine Zeit haben für den »Sabbat des Vaters« (Log 27) oder für die Festfeier der Vereinigung können nicht eingehen in die »Orte des Vaters«. (Log 64) »Orte des Vaters« steht für ein höheres Klarbewusstsein der Seele, vergleichbar mit All-Einheits- und Liebes-Erfahrungen im Nahtod-Zustand.

Die Mystik der Wirklichkeit des Thomasevangeliums dürfte ein wichtiger Maßstab sein für alle heutige kirchliche, charismatische, politische »Reichs-Gottes-Arbeit« (z. B. für die wichtige konziliare Bewegung für »Gerechtigkeit, Frieden und Bewahrung der Schöpfung« oder

für die bedeutsame befreiungstheologische Basis-Ge-
meinde-Arbeit).

Gott und Mensch in der Einswerdung –
eine Lichtmystik

Das Allerweltswort »Gott« kommt bei »Thomas« nie
vor. Aber auch nicht der hebräische Gottesname JHVH,
das Tetragramm (Vier-Buchstaben-Name). Kein from-
mer Jude wagt den Gottesnamen auszusprechen, denn
er will ihn nicht entheiligen. Es ist sowieso kein »Vor-
name«, denn er bedeutet: »Ich bin da als der ich je und je
dir da bin.« Mit solch einem »Namen« kann man kaum
über ihn sprechen, als sei der ewig Gegenwärtige abwe-
send. Außerdem ist mit der Formel »im Namen Gottes«
mindestens so viel Schlimmes wie Gutes getan worden.
»Gott« ist nach Buber das beladenste aller Menschen-
worte geworden. Der muslimische wie der christliche
Araber beten zu ALLAH. Die arabische Vorsilbe AL hat
die Urbedeutung von JA, die Endsilbe LAH die von
NEIN (hebr. *Lo*). Das ist ein ähnlich tiefsinniger Name
wie JHVH und entspricht unsrer gesamten Lebenserfah-
rung von Bestätigtsein und Begrenztsein. Jesus aber
spricht bei »Thomas« nur vom »Vater«.

Nicht die patriarchalische Bedeutung von Vater, sondern die familiär-zärtliche ist gemeint: ABBA! Das hat
sich aber in der Christenheit trotz Paulus (Gal 4,6) nicht
eingebürgert. In Logion 101 bezeichnet Jesus seinen
Abba-Vater als »meine wahre Mutter, die mir das Leben
geschenkt hat«. Er meint damit nicht die Mutter Erde
noch die Mutter Maria, denn diese »gebar mich für den
Tod«. Wenn Jesus vom Königreich des Vaters spricht, so
stammt auch hier »König« ebenso wenig wie »Vater« aus
der hierarchisch-feudalistischen Vorstellungswelt, sondern aus der zeitlos archetypischen Seelensprache bzw.

aus der inspirierten Geistsprache. Gerne spricht Jesus geheimnisvoll vom »Ort«, dem Quellort des Lichtes oder des Lebens. Sowohl der Atheismus wie die sich mehr mit Engeln als mit Gott beschäftigende Esoterik sind ungewollt Zeugen dafür, dass Gott als Vater der verborgenste und allerhöchste »Ort« ist (hebr. *makom*).

Wo aber ist der ureigenste »Ort« des Menschen? Genau dort, wo die göttliche Quelle des Lebens und des Lichtes ist. In Logion 24 fragen die Jünger Jesu nach seinem »Ort«, und er sagt ihnen: »Licht ist in einem Lichtmenschen, und es erleuchtet die ganze Welt.« In Logion 50 (laut Nordsieck eine Art Katechismus der Thomasgemeinden für die missionarische Praxis) sagt Jesus:

»Wenn die Menschen euch fragen: Woher kommt ihr? So antwortet: Wir sind aus dem Licht gekommen, von dort, wo das Licht aus sich selbst heraus geboren ist.« Der höchste Ort im Universum ist also auch zugleich der innerste Ort im Menschen. »Und wenn man euch fragt: Seid ihr solche Lichtmenschen? Dann sollt ihr antworten: Ja, wir sind Kinder und Erwählte des lebendigen Vaters.«

Das Licht »hat sich hingestellt und ist denen sichtbar geworden, die sein Abbild sind«. Sind alle Menschen Abbild des göttlichen Urlichtes? Oder nur die so genannten »Erleuchteten«? Gewiss alle. Aber viele wissen oder glauben es (noch) nicht. Wer fragt: Was sind die Kennzeichen derer, die wissen, dass sie Söhne und Töchter des Lebendigen sind? – der soll antworten (immer noch nach Log 50): »Es ist Bewegung und Ruhe.« Dies sind die beiden Wesensmerkmale für die Ausstrahlung und Präsenz des väterlichen Urlichtes, und daran haben die Seinen Anteil. »Bewegung« drückt die Lebendigkeit aus, »Ruhe« die Gelassenheit. Bewegung ist der Uranfang des Alls, Ruhe ist das Ziel. Oder: Bewegung ist die schöpferische Nachahmung des Schöpfers in der menschlichen Alltagsarbeit, Ruhe ist die Sabbatfeier als Vorwegnahme der

Feier des (ewigen) Lebens. So findet sich bei »Thomas« kein Wort, das auf eine Erbsündenlehre oder Sündenfall-geschichte hinwiese. Dies sind sowieso keine biblischen, sondern kirchliche Begriffe. Freilich kann der Mensch »vom Löwen gefressen« werden, vom Raubtier, das in ihm schlummert (Log 7). Aber er kann den inneren Lö-wen auch bezwingen und »vertilgen«. Der Löwe steht im alten Orient meist für den Tod oder den Teufel (1 Petr 5,8). Die positive Auffassung vom Menschen hängt bei »Thomas« mit einer speziellen Lehre von den Bildern zu-sammen. Das göttliche Urbild des Vaters und das irdi-sche Abbild Adams stehen sich nicht in einem »unend-lich qualitativen Abstand« (Karl Barth) gegenüber, sondern entsprechen sich im gleichen Licht.

Die Bilderlehre des Thomasevangeliums geht davon aus, dass die eigentliche Wirklichkeit tief im Unsichtbaren verborgen ist. Das weiß heute ja auch die Physik des Lichtes oder die philosophische Phänomenologie. Das Urbild aller Bilder hat die Menschheit kollektiv unbe-wusst zusammengefasst in dem Symbol »Gott«. Von ihm sich ein zutreffendes Bild zu machen hat sich das alte Is-rael aus tiefer Ehrfurcht vor dem Höchsten verboten. In Logion 83 sagt Jesus: »Die Menschen können (von allem) nur die Bilder sehen, aber nicht das Licht der göttlichen Gegenwart in den Bildern. Das Licht des Vaters wird sich selbst offenbaren, aber das Bild des Vaters ist unanschau-bar im Licht.« Wir können Gott nur »schauen im finstern Glauben«. (Luther) »Mosche, was ist das, Gott?« fragt der über die Tora gebeugte Rabbi Salman den eintreten-den Schüler. »Warum schweigst du?«, fragt er weiter. »Weil ich es nicht weiß«, sagt der Schüler. »Weiß ich's denn?«, sprach der Rav. »Aber ich *muss* sagen, denn es ist so, dass ich es sagen muss: ER ist deutlich da, und außer ihm ist nichts deutlich da, und *das* ist ER.« (Buber, S. 417)

Gerade in dieser je und je neu entstehenden bildlosen Gewissheit der Allwirklichkeit Gottes erweist sich der Mensch als ein Abbild und Ebenbild Gottes. Für »Bild« hat »Thomas« zwei Begriffe. Einmal ein dem griechischen *homoiosis* (Ähnlichkeit) entsprechendes Wort. Zum andern das aus dem Griechischen entlehnte Fremdwort *eikon.* Ikonen sind bekanntlich Lichtfenster zur unsichtbaren Welt. Logion 84 spricht von dem großen Schmerz, der uns anstelle unseres frohen Selbststolzes über unsere Gottebenbildlichkeit überkommen mag, wenn wir in einer erleuchteten Stunde oder in der Stunde unseres Todes unserem Urbild begegnen, jeder sich selbst als eine einmalige und ewige Idee im göttlichen Gedächtnis: »An den Tagen, da ihr euer Ebenbild seht, freut ihr euch. Aber wenn ihr eure Urbilder sehen werdet, die ursprünglich in euch waren, die weder sterben noch sich offenbaren, oh, wie viel werdet ihr dann ertragen!« Trotzdem sagt Jesus, der erleuchtete Mensch werde den Vernichtungstod »nicht schmecken«. Denn er hat schon vor dem biologischen Tod die ursprüngliche Kraft Adams wiedergefunden: »Adam ist hervorgegangen aus einer großen Kraft und aus einem großen Reichtum, und er war euer nicht würdig. Denn wäre er würdig gewesen, hätte er den Tod nicht geschmeckt«. (Log 85) Offenbar will dieses Jesuswort andeuten, dass sich der adamitische *homo sapiens sapiens* durch einen evolutionären Quantensprung zum ursprünglichen Lichtwesen weiterentwickeln könnte zum »Zweiten Adam« (wie Paulus sagt), zum Christusmenschen, zur Buddha-Natur, oder wie immer die verschiedenen Religionen dasselbe Entwicklungsphänomen der »Zweiten Geburt« beschreiben. Es ist ein langer schmerzhafter Weg zu unserer vollendeten Gestalt. Die Jünger fragten Jesus, wie unser Ende sein wird. Da stellte er ihnen die Gegenfrage, ob sie denn schon den Anfang entdeckt hätten, sodass sie schon jetzt nach dem

Ende fragen könnten. »Denn wo der Anfang ist [am Ort des Lichtes], wird auch das Ende sein. Selig, wer im Anfang stehen wird, denn er wird das Ende erkennen und den Tod nicht schmecken.« (Log 18) Wagen wir wirklich, so groß von der Zukunft des *homo sapiens* zu denken? Ist er nicht eher eine gefährliche Fehlentwicklung der Evolution? Sollte es wirklich jedem möglich sein, sich ansatzweise zum spirituellen Lichtmenschen zu transformieren?

Ist diese Bilder- und Lichtmystik der Einswerdung von Gott und Mensch nun gnostisch? Kaum. Die Gnosis, das hellenistische Denken, hält Geist und Materie für prinzipiell unvereinbar. Denn der Geist gilt als gut, die Materie als schlecht.

Der Lichtfunke ist im Fleisch verirrt und entfremdet. Die platonische Ideenlehre ist etwas völlig anderes als die hebräische Lehre von der Gottebenbildlichkeit des Menschen. Die Bilderlehre des »Thomas« reicht weit hinein in die kirchliche Mystik eines Angelus Silesius, wenn er dichtet: »Liebe, die du mich zum Bilde deiner Gottheit hast gemacht, Liebe, die du mich so milde nach dem Fall hast wiederbracht ...« Auch das gnostische Philippusevangelium (um 150) sagt in seinen Logien 67 und 68: »Die Wahrheit kam nicht nackt in diese Welt, sondern sie kam in Sinnbildern und Abbildern. Anders kann die Welt die Wahrheit nicht empfangen ... Der Herr vollzog alles [bezüglich der Wiedergeburt] in einem Mysterium [der sakramentalen Symbole]: Taufe und Salbung, Abendmahl und Lossprechung und Brautgemach [Gesamtraum der Sakramente als *unio mystica* der Seele bzw. der Brautgemeinde mit Christus]. Und der Herr sprach: Ich bin gekommen, das Untere wie das Obere zu machen und das Äußere wie das Innere, um sie alle an jenen Ort [der bilderlosen All-Einheit im ›Brautgemach‹] zu versammeln.« Dazu kommt noch, auch im Judentum, die Vorstellung von der Präexistenz der Seele vor ihrer irdischen Inkarnation. Der chassidische Mystagoge Elimelech von Lissensk – »immer nach erwachenden oder zu erweckenden Seelen Ausschau haltend« – sprach: »Ehe die Seele in die Luft dieser Welt tritt, führt man sie durch alle Welten. Zuletzt zeigt man ihr das Urlicht, das einst, als die Welt geschaffen wurde, alles erleuchtete und das Gott dann, als sie der Mensch verdarb, geborgen hat. Warum zeigt man der Seele dieses Licht? Damit sie von Stund an Verlangen trage, es zu erreichen und sich ihm im irdischen Leben Stufe um Stufe nähere. Und die es erreichen, in sie geht das Licht ein, aus ihnen hervor leuchtet es wieder in die Welt. Dazu ist es einst geborgen worden.« (Buber, S. 397)

Heute wird dem abrahamitischen (jüdischen, christlichen und muslimischen) Monotheismus von buddhistischer Seite zum Teil mit Recht vorgeworfen, er versetze den Menschen in einen inferioren, unterwürfigen Stand gegenüber dem Allmachtsanspruch eines ichhaft persönlichen Gottes. So auch Peter Sloterdijk in seinem Buch »Gottes Eifer«. Der »Monotheismus« des »Thomas« ist von dieser Denunzierung in keiner Weise betroffen. Denn in der Beziehungsmystik geht es gerade nicht um Unterwerfung, sondern um Liebeserfahrung (Gnosis) in der gegenseitigen Hingabe und Einswerdung.

Jesus und Jünger in der Einswerdung – eine Nachfolgemystik

Vermutlich für den Anfang der Nachfolge lädt Jesus ein: »Wer von meinem Mund trinkt, wird wie ich sein. Und ich, ich werde wie er sein.« (Log 108) Wohl gemerkt, die Identitätsmystik macht keine statischen Ist-Aussagen, sondern dynamische Prozess-Ansagen. Diese unglaubliche Einladung weckt die Fragen der Anfänger: »Sage uns, wer du bist, damit wir glauben!« Jesus verweigert eine Antwort. Er will kein Glaubensverhältnis, sondern ein Seins- bzw. ein Werdens-Verhältnis stiften. So antwortet er: »Ihr erkundet das Antlitz von Himmels und Erde; und den, der [im Augenblick] vor euch steht, erkennt ihr nicht.« (Log 91) Damit werden die Frager auf das Hier und Jetzt und zugleich auf sich selbst verwiesen: »Erkenne, was vor deinem Angesicht ist, und was dir verborgen ist, wird dir enthüllt werden!« (Log 5) Also könnte man das Tersteegenlied »Gott ist gegenwärtig, lasset uns anbeten ...« auch so singen: »Gegenwart ist göttlich ... lasset uns anbeten!«

Zum Höhepunkt der Nachfolgezeit gehört vermutlich Jesu Frage an die Jünger: »Sagt mir, wem ich gleiche!« (Log 13) Petrus sagt: »Du gleichst einem gerechten Boten [Propheten? Engel?].« Matthäus: »Du gleichst einem weisen Philosophen [Weisheitslehrer].« Thomas, offenbar in spiritueller Erregung: »Meister, mein Mund kann es nicht ertragen zu sagen, wem du gleichst.« Darauf Jesus korrigierend: »Ich bin nicht dein Meister. Denn du hast getrunken, du hast dich berauscht an der sprudelnden Quelle.« Nun wird Thomas von Jesus beiseite genommen, um ihm unter vier Augen »drei Worte« zu offenbaren. Welche? Vielleicht »Quellworte« über die Gottgleichheit Jesu oder über die spirituelle Zwillingsbruderschaft mit Jesus oder über eine Gemeindeleiter-Position nach Jesu Hingang [ähnlich zu Petrus in Mt 16,16ff]? Thomas gibt den neugierigen Jüngern aus Furcht vor ihrer Eifersucht sein Geheimnis nicht preis.

Jesus sagt auch seiner Gastgeberin Salome mehr als den Status einer Jüngerin zu. Er spricht ihr die Lichtgleichheit mit sich zu – unerhört für damals wie für heute (Log 61). Vermutlich gegen Ende der Erdenzeit Jesu fragen die Jünger: »Wann wirst du erscheinen und wann werden wir dich sehen?« Die Antwort ist seltsam:

»Wenn ihr euch ohne Scham entkleidet, wie es die kleinen Kinder tun.« (Log 37) Kleider ablegen – d. h. die Bilder ablegen, die sozialen Rollen und Titel, die eingefleischte Charakterpersönlichkeit, den Habit und Habitus der automatischen Gedanken und Handlungen, schließlich auch den Körper, dieses vergängliche Kleid der Seele. Alle Initiationen in die Mysterien werden nackt begangen: die Taufe, die Hochzeit, das Martyrium. Franz von Assisi legte sich zum Sterben nackt auf den nackten Erdboden. Schon bei seiner Lösung vom Elternhaus hatte er vor dem bischöflichen Schiedsgericht spontan seine Kleider ausgezogen und samt allem Bargeld seinem Vater vor die Füße geworfen – mit den Worten: »Nun kann ich endlich sagen: ›Vater unser im Himmel!‹ und nicht mehr ›Vater Pietro Bernardone!‹« Ab da war er ungehindert und unmittelbar dem offenen Himmel zugehörig.

Nun gebraucht »Thomas« ein neues Wort für den initiierten, eingeweihten Jünger: *Monachos.* Was ist unter einem Monachos zu verstehen?

Dieses Hauptwort ist im koptischen Text als griechisches Fremdwort beibehalten. Es kommt aber weder im klassischen Griechisch noch im Neuen Testament vor. Ab dem 4. Jahrhundert hat man darunter einen Einsiedler oder Wüsteneremiten verstanden. Athanasius, der Biograf des ersten bedeutenden Wüstenvaters Antonius des Großen nennt die Menschen *Monachoi* (später eingedeutscht »Mönche«), die sich bald zu Tausenden in die ägyptische Wüste zurückzogen, um sich selbst und Gott radikal zu begegnen. Pachomius, der Begründer der kasernenartigen Gemeinschaftsklöster, nennt seine Leute nicht Mönche, sondern Brüder. Zwei Jahrhunderte zuvor, bei »Thomas«, ist der *Monachos* etwas Anderes: kein Asket, kein Single, kein Lediger, sondern ein »Einzelner« im Sinne eines geeinten, integrierten, mit sich versöhnten, ganz und gar eigenständig gewordenen Menschen. Dies ist das Entwicklungsziel der Menschwerdung des Menschen und insbesondere der Christwerdung des Christen. Immer wieder kommt Jesus darauf zu sprechen (Log 11; 16; 22; 23; 49; 75; 106): »Selig ihr Einzelnen, ihr werdet das Königreich finden!« »Ich werde euch auswählen, einen aus Tausend. Und sie werden dastehen als ›Einzig(artig)e‹.«

Aus der Fülle der modernen Zeugen für den *Monachos*-Status ein paar Beispiele:

Als *Martin Luther* eigenmächtig die Wartburg verließ und am 9. März 1522 die Kanzel in Wittenberg betrat, um die Missstände der kollektiven Schwarmgeister zu beseitigen, begann er mit den berühmt gewordenen Worten: »Wir sind allesamt zum Tod gefordert und keiner wird für den andern sterben, sondern jeder in eigener Person für sich mit dem Tod kämpfen ... Ein jeder muss für sich selber geschickt sein.« Ebenso existenzialistisch sagte er später im Rückblick auf sein Wormser Bekenntnis vor Kaiser und Reich: »*Tunc enim ergo eram ecclesia* – Damals musste ich als Einziger die Kirche sein.«

Der dänische Existenzphilosoph *Søren Kierkegaard* war sich darüber im Klaren: »Die Kategorie des Einzelnen ist der Engpass«, durch den hindurch zu dringen er »die Vielen« einladen wollte.

Martin Buber nennt es »eine kopernikanische Wende«, wenn sich ein Mensch entschließt, die Lösung seiner Außenprobleme nicht mehr von der Umwelt zu erwarten, sondern anfängt, sich in seiner Innenwelt »selbst zurechtzuschaffen«. Nur der Einsgewordene begreift seinen einzigartigen und einmaligen Platz im Universum. Sonst hätte er gar nicht erst geboren werden müssen – meint Buber.

Der türkische Literaturnobelpreis-Träger *Orhan Pamuk* erzählt die »Geschichte eines Prinzen«, der auf den Tag zuarbeitet, an dem er endlich »ganz er selbst« geworden sein würde. Da würden alle fremden Gedanken in seinem Gehirn erschöpft sein und sein Gedächtnis schweigen; er würde »die große Stille spüren«. Erst dann würde er ein regierungsfähiger Sultan sein können.

Und wie steht es mit der Frau als *Monachos*? Am Schluss des »Thomas« (Log 114) lesen wir sehr merkwürdige Sätze: »Simon Petrus sagte zu ihnen: Mariham [= Maria Magdalena] soll aus unserer Mitte verschwinden, denn Frauen sind des [wahren] Lebens nicht würdig.« Nun, so eine Einstellung war damals gängige Auffassung. Jesus aber sagt: »Siehe, ich werde sie zu mir holen, um sie männlich zu machen, damit auch sie ein lebendiger, euch Männern ähnlicher Geist werde. Jede Frau, die sich männlich macht, wird eingehen in das Königreich.« Hier ist nicht die Rede von Mannweib, Herm-Aphrodit oder Amazone; auch nicht von Adams »Gehilfin« (wörtlich übersetzt »Gegenüber-Antlitz« Adams). Tiefenpsychologisch gesprochen soll Maria Magdalena bei Jesus ihren *Animus* (ihren männlichen Geist) entwickeln, so wie Jesus seine *Anima* (seine weibliche Seelenseite) integriert hatte.

Wir kennen auch die heilige Johanna von Orleans, die angesichts des Versagens der Männer buchstäblich die Hosen anhatte. Wir lesen auch von ihrer Zeitgenossin Christine de Pizan. Als todunglücklich und wie gelähmt daliegende junge Witwe erscheint ihr die göttliche Fortuna und sagt zu ihr: »Ab jetzt sollst du ein Mann sein!« Wie elektrisiert erhebt sie sich zu einem völlig freien, schöpferischen, eigenständigen Leben – in Vorwegnahme der Aussage des frühromantischen Dichters Novalis: »Der Mann ist in gewisser Weise auch Weib, so wie das

Weib Mann.« Ähnlich Simone de Beauvoir: »Ich will Frau sein, ich will Mann sein, ich will alles sein!«

War Jesus mit Maria Magdalena verheiratet? Dies wird in Logion 114 nicht angedeutet. Aber im antikirchlichen Flügel der esoterischen Szene von heute ist es üblich geworden, hinter der Kritik des Petrus an Maria von Magdala die petrinische Männermachtkirche als Verfälscherin des wahren Christentums zu sehen. Durch die Funde von Qumran und Nag Hammadi sei den finsteren Großkirchen das historische Fundament entzogen. So beruhen Dan Browns Roman »Sakrileg« und die Verfilmung des Buches, *The Da Vinci Code*, auf einem 1962 erschienenen Buch der Qumranforscherin Barbara Thiering aus Sydney. Danach sei »Jesus von Qumran« mit der jüdischen Nonne Maria M. liiert gewesen. (Auf dem Abendmahlsbild des Leonardo da Vinci liege sie, nicht Johannes, an Jesu Brust.) Dank einer bewusstseinserweiternden Droge, die ihm eine kosmische Vision der Zusammenkrümmung des Alls vermittelt habe, konnte er die Kreuzigung als Scheintoter überleben. Nach seiner Heirat habe er mit Maria M. drei Kinder gezeugt, deren Nachfahren, von Rom verfolgt, noch heute leben würden. Diese so genannten »Tatsachen« wurden von anderen Esoterikern mittels Kundalini-Yoga-Praxis sowie durch *Channeling* (Befragung) des ägyptischen Gottes Horus »bestätigt«. Die betrügerische Geschichtsschreibung der Kirche sei damit entlarvt. Für all diese Spekulationen gibt »Thomas« keinerlei Anlass. Im Gegenteil, er ist eine überraschend deutliche Bestätigung der Jesusworte in den kirchlichen Evangelien. In der Nachfolgemystik werden Männer wie Frauen zu *Monachoi*.

Dazu tritt nun noch ein weiterer Begriff für die Jüngerschaft: der Zwilling. *Dydimus* (aramäisch: Thomas), der

Zwillingsmensch, steht nur in scheinbarem Widerspruch zum *Monachos,* dem Einzelnen. Es könnte sein, dass sich hinter dem Namen Thomas nicht nur der historische Jünger befindet, sondern auch eine idealtypische Figur des Jüngers an sich. So findet sich ja auch im Johannesevangelium nicht nur der Zebedaiden-Sohn Johannes, sondern auch »der Jünger, welchen Jesus lieb hatte« – eine spirituelle Figur, in die jeder oder jede beim Lesen des Evangeliums »hineinschlüpfen« und sich gleichsam beim Abendmahl an Jesu Brust lehnen darf. »Zwilling« ist jeder Christenmensch, soweit er seinem Meister auf spirituelle oder mystische Weise ähnlich und ebenbürtig werden kann. Die Alte Kirche hat übrigens in dem griechisch-römischen Zwillingspaar *Kastor und Pollux,* Söhne des Zeus (die *Dios-Koren*), die Christusbruderschaft abgebildet gesehen; denn als der sterbliche Zwilling Kastor ertrank, stieg der als unsterblich geltende Pollux »aus großer Bruderliebe« freiwillig hinab in das Reich des Todes, um bei seinem Bruder zu sein. Daraufhin wurden beide als Sternbild an den Himmel erhoben. Eine ganz andere Art von Zwillingsbild kann man in dem berühmten Selbstportrait von *Albrecht Dürer* sehen. Selbstbewusst hat er sich im Jahr 1500 als eine heimliche Christusikone dargestellt. Mit offenem, schulterlangem Haar, mit Bart, mit einer Handgeste, bei welcher der Zeigefinger auf sein Brustbein deutet, wollte er wohl die jesuanische Offenbarungsformel nennen: »Ich bin's!« Ein Zwillingsbruder Jesu? In der Nachfolgemystik wird also der Prozess der Einswerdung als Monachos ergänzt durch den Prozess der Zwillingswerdung. Die tiefenpsychologische Möglichkeit dazu liegt in dem nicht seltenen Phänomen der Zwillingsseelen, in zweigeschlechtlicher Eros-Weise etwa bei Klara und Franz von Assisi. In solchen Verbindungen geht es immer darum, ein gemeinsames künstlerisches, wissenschaftliches oder spirituelles »Werk« zu gründen.

Glaube und Gnosis in der Einswerdung – eine Mystik des Heilsweges

Glaube (*Pistis*) und Erkenntnis (*Gnosis*) scheinen zwei gegensätzliche Erlösungswege zu sein. Der eine wird mehr der traditionellen Kirche zugeordnet, der andere mehr einer alternativen Esoterik. Glauben gilt als blinder Vertrauensakt gegenüber einer metaphysischen, durch Kirchenlehrer vermittelten Wahrheit. Erkennen gilt als eigene unmittelbare Innenerfahrung. Vertreter beider Wege misstrauen sich. Das Johannesevangelium gilt als kirchlich, weil hier der Zugang zu Christus über den Glauben geht. So sagt der Auferstandene zum »ungläubigen Thomas«: »Selig sind, die nicht sehen und doch glauben!« Das Thomasevangelium galt als gnostisch, weil hier Jesus zu Thomas sagt: »Ich bin nicht mehr dein Meister, denn du hast [selber] getrunken von der sprudelnden Quelle, die ich hervorströmen ließ, und dich daran berauscht.« (Log 13)

Welcher der beiden Evangelisten wen ergänzend korrigiert, hängt von der Einschätzung ab, welches der beiden Bücher zuerst geschrieben wurde. Elaine Pagels berichtet in ihren biografischen Bemerkungen (S. 38), dass sie, die frustriert aus ihrer Kirche ausgetreten war, ein »Blitzschlag« durchfuhr, als sie bei ihrer wissenschaftlichen Erforschung des »Thomas« in Logion 70 las: »Wenn ihr das, was ihr habt [nämlich das innere Licht], in euch hervorbringt, wird es euch retten. Wenn ihr das nicht in euch habt [und hebt], wird das, was ihr nicht in euch habt, euch töten [spirituell absterben lassen].« Pagels meint, die überraschende spirituelle Kraft solcher Aussagen läge darin, dass uns hier nicht vorgeschrieben wird, was wir glauben sollen, sondern dass uns zugetraut wird, selbst zu entdecken, was in uns verborgen liegt. Sie war damit vom evangelikalen Glauben an den »Christus für uns« (in der Heilsgeschichte draußen) über das Stadium des Nicht-mehr-glauben-Könnens zur Selbsterfahrung des »Christus in uns« gekommen.

Ist Gnosis ein Selbsterlösungsvorgang? Nein. Es handelt sich um einen pfingstlichen Vorgang, bei welchem der Mensch, bildlich gesprochen, das »aktiviert«, was auf der »Festplatte« seiner Seele schon immer »programmiert« oder »gespeichert« war. Dies meint auch der schlichte Satz: »Selig der, der schon war, bevor er wurde!« (Log 19) So kann es zu dem kommen, was alle Mystiker »im Schmecken« erfahren, nämlich dass Innen und Außen identisch werden.

Meister Eckhart sagt in seiner deutschen Predigt über die Gelassenheit: »Das Auge, in welchem ich Gott sehe, ist dasselbe Auge, in welchem mich Gott sieht; mein Auge und Gottes Auge, das ist *ein* Auge und eine Sehkraft und ein Erkennen und ein Leben, ein Lieben.« Novalis schreibt (in Blütenstaub Nr. 17, 20 u. a.): »Das Äußre ist ein in Geheimniszustand erhobnes Innre – vielleicht auch umgekehrt!« Und: »Der Sitz der Seele ist da, wo sich Innenwelt und Außenwelt berühren.« Der Mensch als göttliches Ebenbild ist für den gläubigen Christen und philosophischen Frühromantiker Novalis »das Organ, durch welches beide Welten getrennt und verbunden und geeint werden«. Auch für seinen theologischen Mitbruder Friedrich Schleiermacher ist Religion nicht »leere Mythologie«, nicht »Dogma und Moral« (die beiden »Todfeinde der Religion«), sondern »unmittelbare Anschauung des Universums«, so dass »jeder Anschauende ein neuer ›Priester‹ ist«. Vereinfacht gesagt: Der »rechtgläubige« Heilsweg der Jesusbeziehung läuft so: Für wahr halten – glauben – erkennen – gerettet werden. Der »häretische« Weg dagegen so: Suchen – finden – sehen (innen und außen) – eins werden. (Log 2; 3 u. a.)

Sind das zwei sich ausschließende Typen von Spiritualität? Als Kinder waren wir alle Mystiker, meinte Dorothee Sölle. Aber dann machten wir weiter mit »Glauben« an das äußere Wort von Autoritäten und kamen, wenn überhaupt, von da zur eigenen Erfahrung. Gnosis ist übrigens besonders im hebräischen Sinn ein ganzheitliches, penetrierendes Er-Fahren, vergleichbar mit der sexuellen Durchdringung. Die Seele wird schwanger, so wie Eva, von der es heißt: Adam »erkannte« Eva und sie ward schwanger.

Die von Jesus faszinierten Jünger stellen immer erst exoterische, äußerliche Fragen. Jesus geht nie direkt darauf ein. Er will den Weg offen halten für ihre eigene Suche nach den »esoterischen«, eigentlichen Wahrheiten auf der Innenbühne. Darin besteht seine »Mesoterik«, seine Mittlerschaft, seine »sokratische Geburtshilfe«. Die Jünger fragen beispielsweise, ob Jesus wolle, dass sie fasten, beten, Almosen geben oder koscher essen sollen. Darauf antwortet er ihnen, dass sie sündigen würden, wenn sie meinten, das sei der Heils- und Heilungs-Weg. Sie sollten keinen Gegensatz zwischen Innen und Außen entstehen lassen (vgl. Log 6 und 14). Auf die Frage, wie ihr Ende sein würde, antwortet Jesus, sie sollten zuerst mal ihren Uranfang entdecken (vgl. Log 18). Bei der Frage nach Jesu Ursprungsort verweist er auf das Licht im (nicht herzeigbaren) Inneren eines Lichtmenschen, das von da aus in die Welt leuchte (vgl. Log 24) und auf die Frage nach dem Zeitpunkt der Auferstehung der Toten, antwortet er, sie sei schon gekommen, aber die Jünger würden sie nicht erkennen (vgl. Log 51). Als die Jünger danach fragten, ob schon die Propheten Israels durch Jesus gesprochen hätten, antwortete er: »Ihr habt den Lebendigen, der vor euch steht, verlassen und über Tote gesprochen.« (Log 52) Und auf die Frage: »Wer bist du, der du uns solche Dinge sagst?«, antwortet Jesus: »Aus

dem, was ich euch sage, erkennt ihr nicht, wer ich bin?«
(Log 43). Schließlich wollen die Jünger wissen, wer Jesus
sei, damit sie an ihn glaubten, und Jesus antwortet: »Ihr
erkundet das Antlitz von Himmel und Erde; und der, der
vor euch steht, erkennt ihr nicht.« (Log 91)

Diese Beispiele zeigen: Jesus führt mystagogisch von
außen weg sofort nach innen. »Wer Ohren hat, der höre!«
(Log 24) Das meint: Benützt euer inneres Gehör, eure
Sehnsucht, Empfänglichkeit, spirituelle Kreativität, Wahr-
haftigkeit, Unbedingtheit.

Wie steht es dann aber mit den Heilstatsachen der Heilsgeschichte? Und warum kommt »Thomas« ohne Pas-
sions- und Ostergeschichte aus? Nur ein einziges Mal
taucht das Wort »Kreuz« auf, jedoch nicht in seiner metaphysischen Heilsbedeutung, sondern »nur« in seiner exis-
tenziellen Konsequenz als Verfolgungsleid des Menschen,
der den Totalansprüchen der weltlichen Mächte wider-
steht. Wer nicht seine Herkunftsfamilie hasst [nämlich deren unfrei machende symbiotische Ansprüche] und nicht
sein Kreuz trägt wie Jesus, kann nicht sein Schüler sein.
(vgl. Log 55). Die Freiheit bei Jesus, dieses Heil der Seele,
kostet einen Preis. »Selig der Mensch, der sich geplagt hat,
er hat das [wahre] Leben gefunden!« (Log 58)

Einmal, auf dem Weg nach Jerusalem (zum Passa-
mahl?), identifiziert sich Jesus spontan und geheimnisvoll mit einem Lamm, das von einem Mann gerade zum
Schlachten weggeführt wird: »Solange es lebt, wird er es
nicht essen können, erst wenn er es tötet« (Log 60). Eine
ähnliche Andeutung enthält ein anderes biblisches Bild
(Log 66): »Zeigt mir den Stein, den die Bauleute verworfen haben. Er ist es: der Eckstein.« Jesus und auch seine
Jünger rechnen also damit, dass Jesus verworfen und irdisch nicht mehr zu finden sein wird (Log 38). Sie sollen
sich dann seinem leiblichen Bruder Jakobus dem Gerech-

ten anschließen (Log 12). Oder deutet Logion 13 insgeheim an, dass die leitende Figur eigentlich Thomas sein sollte? All diese Spurenelemente von einer Passionsgeschichte schweigen über die Kreuzigung Jesu und deren Heilsbedeutung, an die man glauben müsse. Dennoch könnte man aufgrund einiger Logien ein Lebensopfer Jesu erschließen. Aber was für ein Opfer? Die englische Sprache differenziert »Opfer« genauer als die deutsche. Ein Opfertod Jesu könnte als *victim*, als unschuldiges Blutopfer in einem politischen oder religiösen Totalsystem verstanden werden; oder als *offering*, als Geschenk der Selbsthingabe eines spirituellen Lehrers (in etwa vergleichbar mit dem Tod des Sokrates); aber keinesfalls als *sacrifice* im Sinne von *satisfaction*, als stellvertretendes Sühnopfer für einen Gott mit den heidnischen Zügen eines beleidigten und nicht leidensfähigen Wesens. Spricht doch auch das Johannesevangelium von einem Lamm *Gottes* »für euch« und nicht von einem Lamm der *Menschen* »für Gott«! »Thomas« aber kennt kein Logion, in welchem Jesus die Opfersprache spricht.

Wie verhält sich dazu die Erlösungstheologie des Judasevangeliums? Sie ist völlig anders und extrem gnostisch. Hier ist Judas Iskariot der Lieblingsschüler Jesu. Sein Verrat ist ihm als Wille Gottes von Jesus um des Heiles willen aufgetragen worden. Jesus kann dadurch seine leibliche Hülle verlassen und in das Reich seines Vaters eingehen. Dieser Vater ist nicht der Gott Israels, wie die anderen Jünger irrtümlich glauben. Der Schöpfergott ist nur eine nachrangige Gottheit, dessen Schöpfung höchst unvollkommen und zwielichtig ist. Auf die Frage des Judas, was der Lohn für seinen Verrat sein werde, sagt Jesus, diese Welt werde ihn dafür nur hassen und verdammen. Das Judasevangelium endet mit einer Prophetie, in der Jesus den Untergang dieser minderwertigen mate-

riellen Welt mitsamt des alttestamentlichen Gottes ankündigt. Erst der Verrat des Judas ermöglicht diesen
Untergang und den Beginn des Königreiches. Diese Deutung des 62-seitigen Judasevangeliums ist aber zur Zeit
noch umstritten, da der 1978 in Mittelägypten entdeckte
koptische Text in hunderte von kleinen Fragmenten zer-
fallen war und nur zu neunzig Prozent rekonstruierbar
ist. Die Handschrift stammt aus dem 4. oder 5. Jahrhundert, der verlorene griechische Urtext war aber schon um
160 n. Chr. bekannt, denn Irenäus von Lyon (um 180) be-
kämpft ihn als gnostische Ketzerei.

Unser Thomasevangelium hat mit dieser Erlösungslehre nichts gemein. Es schweigt sich ja über eine Heilsbedeutung des Todes Jesu aus. Umso deutlicher spricht er
von jenem »Stirb und Werde«, in welchem das blinde Ego
abstirbt und das sehende wahre Selbst des Menschen erwacht. »Johannes« sorgt dafür, dass das Paschamyste-
rium von Tod und Auferstehung historisch im Außen
»für euch« stattfindet (Glaube). »Thomas« sorgt dafür,
dass es innerseelisch und existenziell »in uns« stattfindet
(Gnosis). Denn, frei nach Angelus Silesius: Was hülfe es
uns, wenn Christus tausendmal unter Pontius Pilatus in
Jerusalem gekreuzigt und auferstanden wäre und nicht in
uns – wir wären noch ganz in unserer Heillosigkeit. Die
große Frage bleibt: Kann das schmerzliche und herrliche
Heilsdrama der Befreiung, Erlösung, Heiligung und
Transformation des Menschen schon durch die innere Erkenntnis und äußere Befolgung der spirituellen Worte
Jesu des Lebendigen geschehen? Oder braucht es dazu
auch die Nachricht über ein objektives historisches Er-
eignis? Die Matthäus-Passion von Johann Sebastian Bach
verbindet beides: Da ist der ergreifende Bericht des Evangelisten über die historischen Fakten der Kreuzigung.
Hier spricht der Glaube. Und da sind die Arien und
Choräle der vom Erlöser ergriffenen Seelen. Hier spricht

die Gnosis. Können wir auf diese Verbindung verzichten?

Der thomasianische Jesus vereint beides im Logion 82, wo er sich als ein für ihn und uns schmerzliches Läuterungsfeuer bezeichnet:

Wer mir nahe ist, der ist dem Feuer nahe.
Und wer mir fern ist, der ist dem Königreich fern.

Anhang 1
Das Perlenlied der Gnosis

Das »Perlenlied« aus den »Taten des Apostels Thomas« (einem christlich-gnostischen Erbauungsroman aus dem Jahre 226 n.Chr.) gilt als das schönste poetische Dokument der Gnosis. Es schildert den Abstieg und den Aufstieg der Seele (bzw. ihres Erlösers). Die Perle ist ein Bild der gottähnlichen Urseele (bzw. für das Heil, die Erlösung, das Reich Gottes).

Zum Vergleich: Das Gleichnis Jesu vom Perlen suchenden Kaufmann (Mt 13,45f) und das urchristliche Lied vom Abstieg und Aufstieg Christi, von Paulus in Phil 2,6–11 zitiert als Vorbild für den Weg des Christenmenschen.

Im Folgenden biete ich einen von mir leicht verkürzten und vereinfachten Text nach Hennecke/Schneemelcher, Neutestamentliche Apokryphen, II. Band, S. 349–353.

Ich gebe dem Lied eine Überschrift:

Die Notwendigkeit von Entfremdung und Wiedervereinigung

Als ich ein kleines Kind war
und im Haus meines Vaters wohnte
und am Reichtum meiner Lehrer mich erfreute,
sandten mich meine Eltern
aus unserer (paradiesischen) Heimat im Osten
mit einer (heiligen) Wegzehrung fort.
Aus dem Reichtum unseres Schatzhauses
hatten sie mir schon längst eine Traglast
    zusammengebunden,
groß, aber leicht, so dass ich sie alleine tragen konnte:
Gold, Silber, Chalzedone und Opale und Diamant, der
    Eisen ritzt.
Dann zogen sie mir das Strahlenkleid aus,

das sie mir in ihrer Liebe gemacht hatten,
und meine scharlachfarbene Toga,
die meiner Gestalt angemessen gewebt war,
und machten mit mir einen Vertrag
und schrieben ihn in mein Herz,
dass ich ihn nicht vergessen sollte:
»Wenn du nach Ägypten hinabsteigst
und die eine Perle holst, die im Meere ist,
das der schnaubende Drache umringt,
dann sollst du dein Strahlenkleid wieder anziehen
und deine Toga, die darüber liegt,
und sollst mit deinem (Zwillings-)Bruder, unserem
    Zweiten,
Erbe in unserem Reich werden.

Ich verließ den (paradiesischen) Osten und stieg hinab,
geleitet von zwei Engelskurieren,
    denn der Weg war gefahrvoll und schwierig
und ich noch zu jung, ihn allein zu gehen.
Ich schritt über viele Grenzen und gelangte ins Land
    Babel
und trat ein in die Mauern von Sarbug
und stieg immer tiefer hinab bis nach Ägypten.
Da verließen mich meine Begleiter.
Ich ging geradewegs zum Drachen,
ließ mich nahe bei seinem Aufenthalt nieder,
bis er schlummern und schlafen würde,
um dann ihm meine Perle zu nehmen.
Und da ich ein Einzelner war, ein Einsamer,
war ich den Mitbewohnern meines Gasthauses fremd.
Da kleidete ich mich gleich ihren Gewändern,
damit sie mich nicht beargwöhnten,
dass ich von außen gekommen wäre,
und damit sie nicht gegen mich den Drachen weckten,
wenn ich die Perle an mich nähme.

Aber aus irgendeiner Ursache merkten sie,
dass ich nicht ihr Landsmann war.
Und sie vermischten sich mit mir durch ihre Listen.
Auch gaben sie mir zu kosten ihre Speise.
Da vergaß ich, dass ich ein Königssohn war,
und diente ihrem König,
und ich vergaß sie selber, die Perle,
um derentwillen mich meine Eltern geschickt hatten.
Und durch die Schwere ihrer Nahrung sank ich in tiefen
    Schlaf.

All dieses, das mir zugestoßen war,
bemerkten meine Eltern und betrübten sich um mich,
und sie fassten mit allen Großen des Ostens einen
    Beschluss über mich,
dass ich nicht in Ägypten gelassen werde,
und sie schrieben einen Brief,
und jeder Große setzte seinen Namen drauf:

»Von deinem Vater, dem König der Könige,
und deiner Mutter, der Herrscherin des Ostens,
und von deinem (Zwillings-)Bruder, unserem Zweiten,
dir, unserem Sohn in Ägypten, Gruß!
Erwache und steh auf von deinem Schlaf!
Vernimm die Worte unseres Briefes!
Erinnere dich, dass du ein Königssohn bist!
Sieh die Knechtschaft, wem du dienst!
Gedenke der Perle!
Ihretwegen bist du nach Ägypten gegangen!
Erinnere dich deines Strahlenkleides,
gedenke deiner herrlichen Toga,
dass du sie wieder anlegen und dich mit ihr schmücken sollst,
und dass dein Name im Buch der siegreichen Kämpfer gelesen
    werde,
und du mit deinem Bruder, unserem Stellvertreter,
Erbe in unserem Reich werdest!«

Mein Brief war ein Brief, den der König mit seiner
   rechten versiegelt hatte,
vor den Bösen, den Leuten in Babel
und den aufrührerischen Dämonen in Sarbug.
Der Brief flog in Gestalt eines Adlers, des Königs allen
   Gefieders,
er flog und ließ sich nieder neben mir
und wurde ganz Rede.

Bei seiner Stimme und der Stimme seines Rauschens
erwachte ich und stand auf von meinem Schlaf,
nahm den Brief und küsste ihn und löste sein Siegel und
   las.
Und ganz, wie es in meinem Herzen geschrieben stand,
waren die Worte des Briefes geschrieben.
Ich gedachte, dass ich ein Königssohn sei
und dass meine Freiheit nach ihrer Natur verlangte.
Ich gedachte der Perle, derentwegen ich nach Ägypten
   gesandt ward.
Da begann ich zu bezaubern den schrecklichen und
   schnaubenden Drachen.
Ich (als Erwachter) brachte ihn in Schlummer und
   Schlaf,
indem ich den Namen meines Vaters über ihm nannte
und den Namen unseres Zweiten
und den meiner Mutter, der Königin des Ostens.
Ich erhaschte die Perle
und kehrte um, um mich nach meinem Vaterhaus zu
   wenden.
Ihr schmutziges und unreines Kleid
zog ich aus und ließ es in ihrem Lande.
Ich richtete meinen Weg zum Licht unserer Heimat, dem
   Osten.
Meinen Brief, meinen Erwecker,
fand ich immer vor mir auf dem Wege.

Und wie er mit seiner Stimme mich geweckt hatte,
so leitete er mich weiterhin mit seinem Licht,
auf chinesischem Gewebe mit Rötel geschrieben.
Er glänzte vor mir mit seinem Aussehen,
immer wieder ermutigte er mein Eilen mit seiner
    Stimme und seiner Führung,
ich wurde von seiner Liebe gezogen.
Ich zog hinaus, kam durch Sarbug, ließ Babel zu meiner
    Linken
und gelangte zur großen Stadt der Kaufleute am Ufer
    des Meeres.

Dorthin sandten meine Eltern durch ihre getreuen
    Schatzmeister
von den hyrkanischen (persischen) Höhen herab
mein Strahlenkleid, das ich ausgezogen hatte,
und meine Toga, mit der es umhüllt war.
Zwar erinnerte ich mich nicht mehr seiner Würde,
weil ich es in meiner Kindheit in meinem Vaterhaus
    gelassen hatte;
doch plötzlich, als ich es mir gegenüber sah,
wurde das Strahlenkleid meinem Spiegelbild gleich.
Ich sah es ganz in mir
und in ihm sah ich mich,
auch mir ganz gegenüber,
so dass wir zwei waren in Geschiedenheit
und doch eins in einer Gestalt.
Auch die Schatzmeister, die es mir gebracht hatten,
sah ich ebenso, dass sie zwei waren in einer Gestalt.
Denn ein Zeichen des Königs war ihnen eingezeichnet,
ein Zeichen dessen, der mir durch sie
die Ehre, mein Pfand, meinen Reichtum zurückgab,
mein Strahlenkleid, in herrlichen Farben erglänzend,
mit Gold und Beryllen, mit Chalzedonen,
mit Opalen und verschiedenfarbigen Sardonen.

Dem Kleide war das Bild des Königs der Könige
    vollständig aufgemalt
in blauen Farben mit Saphiren.
Und dazu sah ich überall am Strahlenkleid
die Bewegungen der Erkenntnis zucken.
Und weiterhin sah ich, dass es sich wie zum Reden
    anschickte.
Ich vernahm den Klang seiner Lieder,
die es bei seinem Herabkommen ganz leise sang:

»Ich gehöre dem tapfersten Diener an,
und an mir selber nahm ich wahr,
wie meine (himmlische) Gestalt entsprechend seinen
    (irdischen) Taten wuchs.«

Das Lichtkleid ergoss sich
mit seinen königlichen Bewegungen ganz zu mir hin,
und an der Hand seiner Überbringer eilte es, dass ich es
    nehmen sollte.
Auch mich beflügelte meine Liebe,
ihm entgegenzulaufen und es zu empfangen.
Ich streckte mich hin und empfing es.
Auch meine glänzend farbige Toga zog ich über mich.
So stieg ich empor zum Tor der Begrüßung und
    Anbetung.
Ich neigte mein Haupt und betete an
den Glanz des Vaters, der mir das Kleid gesandt hatte
und dessen Gebote ich ausgeführt hatte mit seiner
    Verheißung.
(Er tadelte mich nicht und lobte mich nicht.)
Er freute sich einfach über mich und umarmte mich,
und ich war mit ihm in seinem Reich
mit meiner Gabe und mit meiner Perle.

Anhang 2
Eine meditative Übung zur Einswerdung im Sein

Wer bin ich? Wer bist du? (2 Mose 3)

Jede der zwanzig Einheiten wird dreimal wiederholt.
Nach je zwei Einheiten folgt der Kehrvers.
Jede erste Zeile wird mit dem Einatmen verbunden, jede
zweite Zeile mit dem Ausatmen,
jede dritte Zeile mit Einatmen und einer Pause zum Ausatmen.

Kehrvers: Du bist das große ICH BIN.
Ich bin in dir.

1. Ich habe diesen Körper.
   Ich bin nicht mein Körper.
   Ich bin.

2. Ich habe einen Verstand.
   Ich bin nicht mein Verstand.
   Ich bin.

3. Ich habe viele Gedanken.
   Ich bin nicht meine Gedanken.
   Ich bin.

4. Ich habe viele Gefühle.
   Ich bin nicht meine Gefühle.
   Ich bin.

5. Ich habe viele Gaben.
   Ich bin nicht meine Gaben.
   Ich bin.

6. Ich habe viel zu tun.
   Ich bin nicht mein Tun.
   Ich bin.

7. Ich habe viel Glück und Unglück.
   Ich bin nicht mein Glück und Unglück.
   Ich bin.

8. Ich habe viele Rollen und Beziehungen.
   Ich bin nicht meine Rollen und Beziehungen.
   Ich bin.

9. Ich habe Besitztümer.
   Ich bin nicht besessen.
   Ich bin ledig.

10. Ich habe eine Vergangenheit.
    Ich bin nicht meine Vergangenheit.
    Ich bin versöhnt.

11. Ich mache viele Fehler.
    Ich bin nicht meine Fehler.
    Mein Sein ist vollkommen.

12. Ich habe Schuld.
    Ich bin nicht meine Sünde.
    Mein Sein ist gut.

13. Ich habe ein Gewissen.
    Es irrt und wandelt sich.
    Ich werde gewiss.

14. Ich habe ein Ich.
    Ich bin nicht mein Ego.
    Ich bin wahres Selbst.

15. Ich bin von dir in die Welt gesandt.
    Ich bin auf dem Heimweg zu dir.
    Du bist mit mir.

16. Ich bin im Grunde eins mit dir.
    Ich bin im Grunde eins mit mir.
    Ich bin im Grunde eins mit allem, was ist.

17. Ich bin geliebt.
    Ich liebe nicht mehr dies und das.
    Ich liebe.

18. Ich liebe.
    Darum bin ich.
    Denn du bist die Liebe.

19. Du bist immer in mir.
    Mein Bewusstsein ist selten bei dir.
    Mein Sein ist immer in dir.

20. Du bist dreieine Liebe.
    Du bist kein Ego.
    Du bist Communio.

Kehrvers: Du bist das große ICH BIN.
         Ich bin in dir.

Abschließendes Gebet

So danke ich dir für meinen sterblichen Körper.
Ich danke dir für meinen kleinen Verstand.
Du erleuchtest meine Gedanken.
Du reinigst meine Gefühle.
Ich danke dir für meine Gaben.
Ich danke dir für meine Aufgaben.
Bitte heilige mein Glück und mein Unglück.
Bitte kläre meine Beziehungen und Rollen.
Ich danke dir für mein tiefstes Sein: Ich bin in dir.

Ich übernehme vor dir Verantwortung
für meine negativen Stimmungen und Reaktionen.
Ich entsage meinen falschen Ansprüchen.
Und da du meine Schulden übernommen hast,
will ich meine Freiheit gebrauchen
zum Dienst an der von dir geliebten Welt.

Ich preise dein universales Sein.
Wo ein guter Weg ist, der bist du.
Wo eine wirkliche Wahrheit ist, die bist du.
Wo echtes Leben ist, das bist du –
jetzt und hier, immer und überall.
Amen.

Kleines Literaturverzeichnis

Berger, Klaus: *Das Neue Testament und die frühchristlichen Schriften*, Frankfurt 1999, S. 645–670

Bonhoeffer, Dietrich: *Ethik*, Gütersloh ²2006

Buber, Martin: *Die Erzählungen der Chassidim*, Zürich 1996

Dietzfelbinger, Konrad: *Apokryphe Evangelien aus Nag Hammadi*, Andechs 1989, S. 174–219

Douglas-Klotz, Neil: *Der Prophet aus der Wüste – Die verborgenen Botschaften des aramäischen Jesus*, München ²2003

Green, Michael: *Die verbotenen Bücher*, Wuppertal 2007

Nordsieck, Reinhard: *Das Thomas-Evangelium*, Neukirchen-Vluyn ²2004

Pagels, Elaine: *Das Geheimnis des fünften Evangeliums*, München ³2005

Robinson, James M.: *Jesus und die Suche nach dem ursprünglichen Evangelium*, Göttingen 2007

Ruysbeck, Erik van und Marcel Messing: *Das Thomasevangelium – seine östliche Spiritualität*, Düsseldorf 1993

Sloterdijk, Peter: *Gottes Eifer: Vom Kampf der drei Monotheismen*, Frankfurt 2007

Thiering, Barbara: *Jesus von Qumran.Sein Leben – neu geschrieben*, Gütersloh 1993

Textnachweis

Deutsche Übersetzung des Thomasevangeliums
© Patmos Verlag GmbH & Co KG, Düsseldorf

Deutsche Übersetzung des Perlenliedes
Hennecke, Edgar und Schneemelcher, Wilhelm:
Neutestamentliche Apokryphen, II. Band, Tübingen 1964,
S. 349–353

Bibliografische Information der Deutschen Bibliothek
Die Deutsche Bibliothek verzeichnet diese Publikation in der
Deutschen Nationalbibliografie; detaillierte bibliografische Daten
sind im Internet über http://dnb.ddb.de abrufbar.

© 2008 Verlag Kreuz GmbH
Postfach 80 06 69, 70506 Stuttgart

www.kreuzverlag.de

Umschlaggestaltung: Bergmoser + Höller Agentur, Aachen
Umschlagbild: © Stephanie Pilick / picture-alliance / dpa-Bildarchiv
Satz: de·te·pe, Aalen
Druck: freiburger graphische betriebe, Freiburg

ISBN 978-3-7831-3174-1

Entdecken,
was uns verbindet

Jörg Zink
Entdecken, was uns verbindet
Spirituelle Texte aus allen
Religionen der Erde
Ausgewählt und kommentiert
von Jörg Zink
380 Seiten, Hardcover mit
Schutzumschlag
ISBN 978-3-7831-3043-0

Die neue
Zink-Edition

Nach seinem 85. Geburtstag im November 2007 erscheinen nun
bei Kreuz in eigener, fortlaufender Edition seine wichtigsten und
populärsten Titel.
Dieser Band ist eine Präsentation von religiösen Originaltexten
aus allen Kulturen, Kontinenten und Epochen. Der Autor hält hier
Ausschau nach einem vertieften Verstehen über alle Grenzen hinweg, um der Menschheit einen Weg in die Zukunft zu eröffnen.

Was Menschen bewegt   www.kreuzverlag.de

Was bleibt,
stiften die Liebenden